Andreas Thust

Optimierung der Lohndatenerfassung im Bereich de

Andreas Thust

Optimierung der Lohndatenerfassung im Bereich der Fertigung

Diplom.de

Bibliografische Information der Deutschen Nationalbibliothek:

Bibliografische Information der Deutschen Nationalbibliothek: Die Deutsche
Bibliothek verzeichnet diese Publikation in der Deutschen Nationalbibliografie;
detaillierte bibliografische Daten sind im Internet über http://dnb.d-nb.de/ abrufbar.

Copyright © 1997 Diplomica Verlag GmbH
Druck und Bindung: Books on Demand GmbH, Norderstedt Germany
ISBN: 978-3-8386-1432-8

http://www.diplom.de/e-book/217289/optimierung-der-lohndatenerfassung-im-
bereich-der-fertigung

Andreas Thust

Optimierung der Lohndatenerfassung im Bereich der Fertigung

Diplomarbeit
an der Fachhochschule Bochum
Dezember 1997 Abgabe

Diplomarbeiten Agentur
Dipl. Kfm. Dipl. Hdl. Björn Bedey
Dipl. Wi.-Ing. Martin Haschke
und Guido Meyer GbR

Hermannstal 119 k
22119 Hamburg

agentur@diplom.de
www.diplom.de

ID 1432
Thust, Andreas: Optimierung der Lohndatenerfassung im Bereich der Fertigung /
Andreas Thust · Hamburg: Diplomarbeiten Agentur, 1999
Zugl.: Bochum, Fachhochschule, Diplom, 1997

Dipl. Kfm. Dipl. Hdl. Björn Bedey, Dipl. Wi.-Ing. Martin Haschke & Guido Meyer GbR
Diplomarbeiten Agentur, http://www.diplom.de, Hamburg
Printed in Germany

Diplomarbeiten Agentur

Wissensquellen gewinnbringend nutzen

Qualität, Praxisrelevanz und Aktualität zeichnen unsere Studien aus. Wir bieten Ihnen im Auftrag unserer Autorinnen und Autoren Wirtschaftsstudien und wissenschaftliche Abschlussarbeiten – Dissertationen, Diplomarbeiten, Magisterarbeiten, Staatsexamensarbeiten und Studienarbeiten zum Kauf. Sie wurden an deutschen Universitäten, Fachhochschulen, Akademien oder vergleichbaren Institutionen der Europäischen Union geschrieben. Der Notendurchschnitt liegt bei 1,5.

Wettbewerbsvorteile verschaffen – Vergleichen Sie den Preis unserer Studien mit den Honoraren externer Berater. Um dieses Wissen selbst zusammenzutragen, müssten Sie viel Zeit und Geld aufbringen.

http://www.diplom.de bietet Ihnen unser vollständiges Lieferprogramm mit mehreren tausend Studien im Internet. Neben dem Online-Katalog und der Online-Suchmaschine für Ihre Recherche steht Ihnen auch eine Online-Bestellfunktion zur Verfügung. Inhaltliche Zusammenfassungen und Inhaltsverzeichnisse zu jeder Studie sind im Internet einsehbar.

Individueller Service – Gerne senden wir Ihnen auch unseren Papierkatalog zu. Bitte fordern Sie Ihr individuelles Exemplar bei uns an. Für Fragen, Anregungen und individuelle Anfragen stehen wir Ihnen gerne zur Verfügung. Wir freuen uns auf eine gute Zusammenarbeit

Ihr Team der *Diplomarbeiten* Agentur

Dipl. Kfm. Dipl. Hdl. Björn Bedey –
Dipl. Wi.-Ing. Martin Haschke ——
und Guido Meyer GbR ————

Hermannstal 119 k ————
22119 Hamburg ————

Fon: 040 / 655 99 20 ————
Fax: 040 / 655 99 222 ————

agentur@diplom.de ————
www.diplom.de ————

Gliederung

Seite

Abbildungsverzeichnis

Tabellenverzeichnis

Abkürzungsverzeichnis

1 Vorwort   9

2 Aufgabenstellung, Zielsetzung und Gang der Untersuchung   10
2.1 Allgemeines   10
2.2 Ausgangssituation   10
2.3 Aufgabenstellung   10
2.4 Methodischer Ablauf   11
   2.4.1 Analyse des Ist-Zustand   11
   2.4.2 Zielsetzung   12
   2.4.3 Gang der Untersuchung   12

Teil I

3 Entgelt   13
3.1 Lohnformen   13
   3.1.1 Zeitlohn   14
   3.1.2 Akkordlohn   15
   3.1.3 Prämienlohn   17
   3.1.4 Sonderlohnformen   20
3.2 Analytische und summarische Arbeitsbewertung   21
3.3 Lohntabelle und Lohngruppen   22
3.4 Lohnformenstruktur und Mitarbeitergruppen   23

Teil II

4 Organisation der Fertigung und der Lohndatenerfassung   24
4.1 Fertigung von Telefonapparaten   24
4.2 Organisatorische Bereiche am Standort Bocholt   25
   4.2.1 Aufbauorganisation der Werkstätten   26
   4.2.2 Aufbauorganisation des Werkstattschreibwesen   27
   4.2.3 Tätigkeiten des Werkstattschreibwesen   28
4.3 Erfassung und Verarbeitung von Lohndaten   29

Teil III

5 Entgeltabrechnung   31
5.1 Engeltabrechnungssysteme   31
5.2 Verfahrensschritte   32
   5.2.1 Erfassung   32
   5.2.2 Datenspeicherung   35
   5.2.3 Berechnungsverfahren   35
   5.2.4 Ausgabeverfahren   37
5.3 Entgeltabrechnung und Rechnungswesen   38
5.4 Entgeltabrechnung, Personalzeit- und Lohndatenerfassung am Standort Bocholt   38
5.5 Organisation zu Personalzeit- und Lohndatenerfassung   39

6 Personalzeiterfassung   **40**
6.1 Allgemeines   40
6.2 PZE-Software   40
6.3 Mitarbeiterstammdaten   41
6.4 Zeitarten   41
6.5 Zeiterfassung   41
6.6 Zeitbewertung   42
6.7 Kontenauskunft   43
6.8 Aufgaben des Werkstattschreibwesens   43
6.9 Anwesenheitslisten zur Personalzeiterfassung   44
6.10 Schnittstelle zum Entgeltabrechnungssystem   46
6.11 Hardware   47

7 Lohndatenerfassung   **48**
7.1 Allgemeines   48
7.2 Beziehung zwischen Personalzeit- und Lohndatenerfassung   48
7.3 Historischer Hintergrund zur Entwicklung von LDE   50
7.4 Akkordlohnbelege   50
   7.4.1 Aufbau   51
   7.4.2 Ablaufbeschreibung zur Erfassung auf Werkstattebene   51
   7.4.3 Belegarten   53
   7.4.4 Eingang von Akkordlöhnen in die Entgeltabrechnung   54
7.5 Zeitlohnbelege   55
   7.5.1 Anwendungsbereich   55
   7.5.2 Aufbau   56
   7.5.3 Ablaufbeschreibung   57
   7.5.4 Zusätzliche Zeitlohnbelege   58
   7.5.5 Eingang von Zeitlöhnen in die Entgeltabrechnung   59
   7.5.6 Beziehung zwischen Personalzeit- und Lohndatenerfassung   59
7.6 Lohnbelegerfassung in der Abteilung Kunststoffverarbeitung   60
7.7 Prämienlohnbelege und Leistungsdatenerfassung   62
   7.7.1 Montageprämie   62
   7.7.2 SMD-Prämie   64
   7.7.3 Datenerfassung und Datenauswertung   66
   7.7.4 Eingang von Prämienlöhnen in die Entgeltabrechnung   69
   7.7.5 Personalzeiterfassung über die SMD-Prämienprogramme   70

Teil IV

8 Optimierung der Lohndatenerfassung im Bereich der Fertigung   **71**
8.1 Ablauforganisation zur Lohndatenerfassung   71
8.2 Funktionen der DV-Systeme zur Lohndatenerfassung   73
   8.2.1 Entwicklungsalternative 1   74
   8.2.2 Entwicklungsalternative 2   76
   8.2.3 Entwicklungsalternative 3   79
8.3 Integration von LDE in PZE   80
8.4 Ausbaustufe 1: Ankopplung der Prämienprogramme an PZE   80
   8.4.1 Differenzierung der Anwesenheitszeiten in den Prämiengruppen   81
   8.4.2 Positiv- und Negativerfassung   82
   8.4.3 PZE-Kontenauskunft und Prämiengruppenkonten   82
   8.4.4 Datenübergabe   84

8.5 Ausbaustufe 2: Integration von LDE in PZE 86
  8.5.1 Zeitkonten: Akkordlohn (AK) und Zeitlohn (GK) 86
  8.5.2 Datenübergabe an die Entgeltabrechnung 88
8.6 Optimierung der Zeiterfassung in den Prämiengruppen 89
8.7 Wirtschaftlichkeitsbetrachtung der Integration von LDE in PZE 89
  8.7.1 Nutzwertanalyse 90
  8.7.2 Wirtschaftlichkeitsanalyse 90
8.8 Zusammenfassung 92

Teil V

9 Probleme der Leistungsentlohnung **93**
9.1 Technologische Veränderungen 93
9.2 Akkordlohn 93
  9.2.1 Rechtliche Faktoren 93
  9.2.2 Vorgabezeiten 93
  9.2.3 Kostenrechnung 95
  9.2.4 Leistungsgrade im Akkord 96
  9.2.5 Flexibler Mitarbeitereinsatz 97
  9.2.6 Mischlohnabrechnung: Akkord- und Zeitlohn 99
  9.2.7 Lösungsansätze 99
9.3 Prämienlohn 99
  9.3.1 Probleme der Prämienentlohnung 100
  9.3.2 Flexibler Mitarbeitereinsatz 100
  9.3.3 Lösungsansätze 101
9.4 Übergang vom Akkord- oder Zeitlohn zum Prämienlohn 103
9.5 Zeitlohn als Alternative zum Prämienlohn 103
9.6 Zusammenfassung 103

Teil VI

10 Rechnungswesen **104**
10.1 Systeme der Kostenrechnung 104
  10.1.1 Ist-, Normal- und Plankostenrechnung 105
  10.1.2 Inhaltlicher Aufbau der Kostenrechnungssysteme 106
10.2 Beziehung zwischen der Lohndatenerfassung und dem Rechnungswesen 108
10.3 Kontierungsaufbau am Standort Bocholt 110
  10.3.1 Kostenstellenaufträge 110
  10.3.2 Externe Aufträge 112
10.4 Beziehung zwischen der Bruttoverdienstübersicht und der Kostenrechnung 112
10.5 Ermittlung und Zurechnung von Löhnen in der Kostenrechnung 114
10.6 Optimierung der Lohndatenerfassung aus Sicht der Kostenrechnung 115
  10.6.1 Konzept 1: Kostenträgererfassung auf Zeitlohnbelegen 115
  10.6.2 Konzept 2: Ermittlung der Istkosten aus der Maschinenstundensatzrechnung 117
10.7 Prämiengruppenorte und Kostenstellen 120

11 Resümee **122**

Anhang 123

Literaturverzeichnis 125

Abbildungsverzeichnis

Seite

Abbildung 1: Organisation und Analyse der DV-Verfahrenslandschaft zur Lohndatenerfassung 11
Abbildung 2: Lohnformen 13
Abbildung 3: a) Betriebliche Stückkosten bei Zeitlohn, b) Stundenverdienst des Zeitlöhners 14
Abbildung 4: a) Stückkosten bei Akkordlohn, b) Stundenverdienst des Akkordlöhners 16
Abbildung 5: Kennlinie eines Prämienlohnsystems 18
Abbildung 6: Prämienarten und ihre Bezugsmerkmale 18
Abbildung 7: Festlegung der Prämienlohnlinie 19
Abbildung 8: SMD-Montagelinie mit SMD-Bestückautomaten und Reflow-Lotanlage 24
Abbildung 9: Vereinfachtes Prozeßmodell zur Fertigung von Telefonen 25
Abbildung 10: Aufbauorganisation der Werkstatt Bau 30/4 26
Abbildung 11: Darstellung der WSW-Struktur am Standort Bocholt 27
Abbildung 12: Ist-Ablauf zur Lohndatenerfassung 29
Abbildung 13: Struktureller Aufbau der Lohndatenerfassung 30
Abbildung 14: Funktionen der Entgeltabrechnung 32
Abbildung 15: Vereinfachtes Schema zur Bruttoentgeltermittlung 36
Abbildung 16: Bruttoverdienstübersicht eines Akkordlöhners 37
Abbildung 17: Beziehung zwischen Entgeltabrechnung, Personalzeit- und Lohndatenerfassung 38
Abbildung 18: Organisation zur Personalzeit- und Lohndatenerfassung 39
Abbildung 19: PZE-Terminal 42
Abbildung 20: PZE-Kontenauskunft 43
Abbildung 21: Anwesenheitsliste vor und nach Einführung von PZE 45
Abbildung 22: Anwesenheitsliste, Kontenauskunft und tägliche Zeitbuchungen 46
Abbildung 23: Übergabe der PZE-Daten an die Entgeltabrechnung 47
Abbildung 24: Aufgaben der Personalzeit- und Lohndatenerfassung 49
Abbildung 25: Vordruck für einen Akkordlohnbeleg 50
Abbildung 26: Beziehung zwischen Akkordlohnbeleg und Fertigungsdatenblatt 52
Abbildung 27: Ausgefüllter Akkordlohnbeleg mit drei Positionen 53
Abbildung 28: Zusammenhang zwischen Akkordlohnbeleg und Entgeltabrechnung 54
Abbildung 29: Vordruck für einen Zeitlohnbeleg 55
Abbildung 30: Ausgefüllter Zeitlohnbeleg mit drei Positionen 57
Abbildung 31: Zusammenhang zwischen Zeitlohnbeleg und Entgeltabrechnung 59
Abbildung 32: Zeitabgleich zwischen PZE und LDE 60
Abbildung 33: Lohnbelegerfassung in der Abt. Kunststoffverarbeitung 61
Abbildung 34: Prämiensysteme und Prämiengruppenanzahl am Standort Bocholt 62
Abbildung 35: a) Kennlinie des Montageprämiensystems b) Prämienzulage 64
Abbildung 36: a) Lernkurve zur Fertigung von FBG b) Entgeltaufbau bei der SMD-Prämie 65
Abbildung 37: Berechnung der a) Mengen- und b) Qualitätsprämie 66
Abbildung 38: Modell zur Erfassung und Verarbeitung von Grunddaten der Prämienentlohnung 67
Abbildung 39: Strukturierter Aufbau von Prämienlohnprogrammen 68
Abbildung 40: Personalzeit- und Betriebsdatenerfassung in den Montageprämiengruppen 68
Abbildung 41: Beziehung zwischen Prämienlohnbeleg und Entgeltabrechnung 69
Abbildung 42: Anwesenheitszeiterfassung in PZE und den SMD-Prämienprogrammen 70
Abbildung 43: a) Ist-Ablaufdiagramm und b) Soll-Ablaufdiagramm zur Lohndatenerfassung 72
Abbildung 44: Bestehende DV-Systeme zur Erfassung von Lohndaten 74
Abbildung 45: Integrierte BDE-Systeme 76

Abbildung 46: Getrennte BDE/PZE/LDE-Systeme 77
Abbildung 47: Getrennte PZE/BDE-Systeme 79
Abbildung 48: Ankopplung der Prämienprogramme an PZE 80
Abbildung 49: Bisherige und zukünftige PZE-Kontenauskunft 83
Abbildung 50: Vereinfachte Beschreibung der DV-Schnittstellen 84
Abbildung 51: Übergabe der Prämienstundenverdienste an die Entgeltabrechnung 85
Abbildung 52: Integration von LDE in PZE 86
Abbildung 53: Praktische Auswirkungen der Integration von LDE in PZE 88
Abbildung 54: Quantifizierbare und nicht quantifizierbare Kriterien 89
Abbildung 55: Entwicklung einer zukunftsorientierten Lohndatenerfassung 92
Abbildung 56: Berechnung von Akkordverdiensten 96
Abbildung 57: Leistungsgrad-Überwälzungsprinzip bei Akkordlohn 98
Abbildung 58: Probleme des Einzelakkords an einem Beispiel 99
Abbildung 59: Leistungsgrad-Überwälzungsprinzip bei Prämienlohn 100
Abbildung 60: Integration der Mischprämienabrechnung in PZE 102
Abbildung 61: Systeme der Kostenrechnung 104
Abbildung 62: Vereinfachte Darstellung der betrieblichen Kostenrechnung 106
Abbildung 63: Beziehung zwischen LDE und dem Rechnungswesen 109
Abbildung 64: Kontierungsaufbau für Zeit- und Prämienlöhne 110
Abbildung 65: Beziehung zwischen Kontierung und Akkordlohnbeleg 112
Abbildung 66: Beziehung zwischen Bruttoverdienstübersicht und Kostenrechnung 113
Abbildung 67: Ermittlung und Zurechnung von Bruttolöhnen 114
Abbildung 68: Modifizierter Zeitlohnbeleg 115
Abbildung 69: Datenfluß: Kostenträgererfassung auf Zeitlohnbelegen 116
Abbildung 70: Unterschiede zwischen Plan-, Normal- und Istkosten 118
Abbildung 71: Generierung von Ist-Einzelkosten unter Berücksichtigung der Fertigungslöhne 119
Abbildung 72: Prämiengruppenorte und Kostenstellen 121

Tabellenverzeichnis

Tabelle 1: Lohntabelle für PN KE BCH und KLF 22
Tabelle 2: Lohnformen und Mitarbeitergruppen 23
Tabelle 3: Organisatorische Bereiche am Standort Bocholt 26
Tabelle 4: Funktionen der Lohn- und Leistungsdatenerfassung am Standort Bocholt 48
Tabelle 5: Felder: Akkordlohnbeleg 51
Tabelle 6: Felder: Zeitlohnbeleg 56
Tabelle 7: Aufbau von Kontierungen 110
Tabelle 8: Aufwandsarten 111
Tabelle 9: Hauptgruppen der Aufwandsarten 111
Tabelle 10: Vergleich der Erfassungsaufwände 117

Abkürzungsverzeichnis

AK	Akkord
AOI	Automatische Optische Inspektion
AS	Arbeitssystem
AUT	Automatisierungstechnik
BAB	Betriebsabrechnungsbogen
Bch	Bocholt
BDE	Betriebsdatenerfassung
BS	Betriebsstelle
DBMS	Datenbankmanagementsystem
dpm	Defects per milion (dt. Fehler je einer Million Prüfungen)
DSV	Durchschnittsstundenverdienst
DV	Datenverarbeitung
FB	Fertigungsbereiche
FBG	Flachbaugruppe
FD	Fertigungsdurchführung
FDB	Fertigungsdatenblatt
FiBu	Finanzbuchhaltung
FV	Fertigungsvorbereitung
GK	Gemeinkosten
GoBS	Grundsätze ordnungsgemäßer Speicherbuchführung
IVIP	Integriertes Verarbeitungs- und Informationssystem für Personaldaten
KA	Kostenart
KLf	Kamp-Lintfort
KSt.	Kostenstelle
KT	Kostenträger
KV	Kunststoffverarbeitung
LAN	Large Area Network (dt. lokales DV-Netzwerk)
LDE	Lohndatenerfassung
LFE	Liefer-, Fertigungs- und Empfangsstelle
LG	Lohngruppe
MA	Mitarbeiter
MLZ	Maschinenlaufzeit
PA	Personalabteilung
PDM	Produktdatenmanagement
PPS	Produktionsplanung und -steuerung
PZE	Personalzeiterfassung
QS	Qualitätssicherung
ReWe	Rechnungswesen
SMD	Surface Mounted Devises (dt. Oberflächenmontierte Bauelemente)

1 Vorwort

In den letzten Jahren haben sich die Bedingungen auf den Absatzmärkten entscheidend verändert. Erhöhter Kostendruck, Zwang zur Reduzierung der Seriengröße und wachsender Termindruck stellen für die Betriebe eine neue Herausforderung dar. Die Betriebe reagieren auf den Wandel mit Maßnahmen, die durch die Schlagwörter ´Lean Production´, ´Time Based Management´, ´Time to Market´, ´Fraktale Fabrik´, ´Segmentierung´, ´Total Quality Management´, ´DV-Integration´ bekannt geworden sind.

Zielsetzungen der betrieblichen Rationalisierung sind die Senkung der Kapitalbindung, die Reduzierung des Mitarbeitereinsatzfaktors, die Verkürzung der Durchlaufzeiten und die Erhöhung der betrieblichen Flexibilität, denen einige Lohnformen entgegen stehen. Zwischen den vom Markt geforderten Qualitätsanforderungen und den traditionell angewandten Lohnformen bestehen Diskrepanzen, da infolge der einseitigen Stimulierung der Mengenleistung die Produkt- und Prozeßqualität am Rande berücksichtigt wird. Neue betriebliche Ansprüche nach der Sicherung einer hohen Qualität, der optimalen Nutzung kapitalintensiver Anlagen, der schnellen Störungsdiagnose und -beseitigung und der kurzfristigen Produktionsumstellung nehmen an Bedeutung zu.

Der Einsatz flexibel automatisierter Produktionsanlagen führt zur räumlichen und zeitlichen Entkopplung der Mitarbeiter vom Produktionsprozeß. Die Abfolge menschlicher Eingriffe wird unabhängig von der zeitlichen Abfolge der Produktionsvorgänge. Eingriffe der Arbeitskräfte können kaum mehr im voraus bestimmt und definiert werden. Die Mengenleistung und das Arbeitstempo werden durch die Geschwindigkeit der automatisierten Anlagen bestimmt.

Unter diesen Bedingungen müssen in den Betrieben Lohnformen angewandt werden, die den Arbeitskräften ein stabiles und ausreichendes Einkommen sichern. Daher führen die Betriebe zunehmend neue Entlohnungsgrundsätze ein, die individuelles Verhalten und Flexibilität im Arbeitseinsatz berücksichtigen.

Durch die gewachsene Bedeutung des Produktionsfaktors ´Arbeit´ werden gleichzeitig neue Anforderungen an die Systeme zur Lohnabrechnung gestellt. Betriebsvereinbarungen, Arbeitszeitflexibilisierung, Optimierung des Betriebsmitteleinsatzes, arbeitsvertragliche Konditionen und rechtliche Rahmenbedingungen nehmen Einfluß auf die Lohndatenerfassung und -verarbeitung.

2 Aufgabenstellung, Zielsetzung und Gang der Untersuchung

2.1 Allgemeines

Die Verwaltung von Lohnsystemen stellt für die Betriebe eine organisatorische Herausforderung dar. Bei der Siemens AG am Standort Bocholt erfolgt die Gestaltung von Lohnsystemen[1] durch die Fertigungsvorbereitung in Abstimmung mit der Betriebsleitung, der Personalabteilung und der Fertigungsleitung. Darüber hinaus ist die Fertigungsvorbereitung für die Lohn- und Leistungsdatenerfassung verantwortlich.

In der Fertigung wird das 'Werkstattschreibwesen' eingesetzt, damit die zur Entgeltabrechnung und der betrieblichen Kostenrechnung erforderlichen Lohndaten erfaßt werden können. Aufgaben des Werkstattschreibwesen liegen in der Kontrolle, Verarbeitung und DV-technischen Erfassung von Lohnbelegen. Lohnbelege begründen bereits einen rechtlichen Anspruch der Mitarbeiter auf Lohn, so daß der Lohndatenerfassung eine wichtige Rolle bei der Entgeltabrechnung zukommt.

2.2 Ausgangssituation

Durch die Veränderungen der Lohnsysteme und die Anpassung der Lohndatenerfassung an die betrieblichen Bedürfnisse haben sich am Standort organisatorische Abläufe ergeben, die der Fertigungsvorbereitung nicht mehr transparent sind.

Lohndaten werden in der Fertigung durch manuelle Aufschreibungen mit Hilfe von Belegen erfaßt. Dadurch entstehen hohe Erfassungsaufwände, die sich zudem im Werkstattschreibwesen auf wenige Tage vor dem Entgeltabrechnungsstichtag[2] konzentrieren. Je nach Bedarf werden mehrere vorgedruckte Lohnbelege verwendet, deren abrechnungstechnische Verarbeitung teilweise unbekannt ist.

Eine weitere Ursache für die intransparente Ablauforganisation sind DV-technischen Veränderungen, die »im Laufe der Zeit« am Standort vorgenommen wurden. Überlagert werden die Veränderungen der betriebsinternen DV-Struktur durch die Ablösung des zentralen Entgeltabrechnungssystem IVIP[3] der Siemens AG bis zur Jahrtausendwende. Innerhalb des verbleibenden Zeitraumes müssen die Abläufe und die betriebsinterne DV-Struktur zur Lohnabrechnung transparent gemacht und neu strukturiert werden.

2.3 Aufgabenstellung

In Abbildung 1 ist die Aufgabenstellung der vorliegenden Studie dargestellt. Zum einen bestand die Aufgabe darin, die Organisation zur Lohndatenerfassung darzustellen und zum anderen sollte eine Analyse der DV-Verfahrenslandschaft durchgeführt werden. Hinsichtlich der DV-Verfahrenslandschaft waren die eingesetzten Systeme bezüglich ihrer Schnittstellen und Informationsinhalte zu untersuchen. Darüber hinaus sollten die durch die DV-Systeme verursachten Erfassungsaufwendungen bestimmt werden.

---

[1] Der Begriff 'Lohnsystem' umfaßt die mit der Anwendung einer bestimmten Lohnform zusammenhängenden betrieblichen Verfahren und Regelungen. Hierbei sind spezifische Verfahrensweisen, formelle und informelle Konventionen und die Art der Lohndatenerfassung und -verarbeitung miteingeschlossen.

[2] Ultimo + 5 Tage.

[3] Integriertes Verarbeitungs- und Informationssystem für Personaldaten.

Neben den Vorgängen und Hintergründen zur Lohndatenerfassung waren die bestehenden Lohnformen zu untersuchen. Zum Erstellungszeitpunkt waren am Standort Bocholt rund ein Drittel der gewerblichen Mitarbeiter im Zeit-, Akkord- und Prämienlohn beschäftigt. Daher war zu prüfen, welche der Lohnformen den betrieblichen Anforderungen am besten gerecht wird und unter welchen Voraussetzungen.

Abbildung 1: Organisation und Analyse der DV-Verfahrenslandschaft zur Lohndatenerfassung

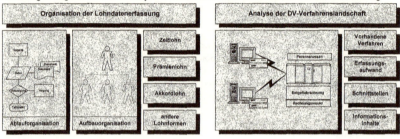

2.4 Methodischer Ablauf

2.4.1 Analyse des Ist-Zustand

Vor dem Hintergrund der intransparenten Lohndatenerfassung wurde eine Ist-Zustandsanalyse durchgeführt. Grundlage für die Ist-Zustandsanalyse war eine sekundäre und primäre Datenerhebung am Standort.

Primärdatenerhebung

Im Rahmen der primären Datenerhebung wurde das Personal des Werkstattschreibwesen persönlich befragt. Da qualitative Befunde aussagekräftiger waren als quantitative Befunde, erfolgte die Bearbeitung der Fertigungsbereiche sequentiell. Diese Vorgehensweise wurde gewählt, da die Durchführung einer quantitativen Breitenerhebung in den Fertigungsbereichen an der mangelnden oder vagen Anwortbereitschaft der Befragten gescheitert wäre. Betriebsinterne ablauforganisatorische Zusammenhänge, Anstöße, Barrieren und Probleme lassen sich vorzugsweise in einer qualitativen Untersuchung erfassen. Dabei war als Randbedingung zu beachten, daß es sich bei Lohndaten um einen sensiblen Bereich handelt.

Die Mitarbeiter des Werkstattschreibwesen verfügten nicht über den vollständigen Kenntnisstand zur Ablaufbeschreibung der Lohnabrechnung. Daher waren weitere Fachabteilungen im Untersuchungsdesign miteinzubeziehen. Nach der Bearbeitung jeweils eines Fertigungsbereiches wurde die Primärdatenerhebung auf die übrigen Fertigungsbereiche ausgedehnt, wobei auf die Erfahrungen und Erkenntnisse der zuvor untersuchten Bereiche zurückgegriffen wurde.

Sekundärdatenerhebung

Sofern Sekundärliteratur zur Verfügung stand, wurde auf diese Informationen zurückgegriffen. Die Beschreibung der Ablauforganisation zur Lohndatenerfassung stützt sich vorrangig auf die Informationen aus der Primärdatenerhebung, da die Literatur in Teilbereichen nicht aktuell oder vollständig war.

Hinsichtlich der DV-Strukturanalyse bot sich der Rückgriff auf bereits vorliegende Dokumentationen an, die jedoch in eingeschränktem Umfang zur Verfügung standen. Zwar waren die Informationen teilweise vorhanden, jedoch überholt, ungenau, unvollständig oder unzuverlässig. Daher mußte die Sekundärliteratur durch primär erhobene Unterlagen ersetzt werden.

2.4.2 Zielsetzung

Zielsetzung war es, aus der Ist-Zustandsanalyse Optimierungsvorschläge abzuleiten. Hier wurde erwartet, daß durch die schrittweise Herstellung der Transparenz Optimierungschancen aufgedeckt werden können.

Informationen zur Ableitung von Optimierungsvorschlägen ergaben sich aus der Literaturrecherche. Da die Lohndatenerfassung für viele Betriebe mit eigener Fertigung ein Problem darstellt, war zu erwarten, daß auf deren Erfahrung zurückgegriffen werden konnte. Insofern wurde ein direkter Betriebsvergleich durchgeführt, der in der Wirtschaftsliteratur als 'Benchmarking'[4] bezeichnet wird. Dabei wurde nach solchen Betrieben geforscht, die in der Praxis eine innovative, fortschrittliche und aufwandsarme Lohndatenerfassung einsetzen.

2.4.3 Gang der Untersuchung

Die Studie ist in sechs Abschnitte untergliedert, wobei zum Verständnis die Kenntnis der jeweils vorangegangenen Abschnitte vorausgesetzt wird.

Im ersten Abschnitt (Teil I) werden zunächst die Lohnformen vorgestellt. Der zweite Abschnitt (Teil II) beschäftigt sich mit der Organisation der Fertigung und der Lohndatenerfassung am Standort Bocholt. Im Rahmen des dritten Abschnitts (Teil III) werden die DV-Systeme und die Abläufe zur Lohndatenerfassung vorgestellt. Dabei werden sowohl das Entgeltabrechnungssystem als auch die Systeme zur Zeit-, Lohn- und Leistungsdatenerfassung erläutert.

Vor diesem Hintergrund werden im vierten Abschnitt (Teil IV) Optimierungsvorschläge zur Erfassungstechnik von Lohn- und Leistungsdaten abgeleitet. Hierzu werden drei Entwicklungsalternativen geprüft. Der fünfte Abschnitt (Teil V) beschäftigt sich mit spezifischen Problemen der Leistungsentlohnung am Standort Bocholt. Abschließend werden im Rahmen des sechsten Abschnitts (Teil VI), die in der Fertigung erfaßten Lohndaten unter Berücksichtigung kostenrechnerischer Aspekte analysiert. Bezüglich des fünften und sechsten Abschnitts werden ebenfalls Optimierungsvorschläge vorgestellt, die sich am Ende der jeweiligen Abschnitte befinden.

---

[4] Hammer, M. und Champy, J., Business Reengineering, Frankfurt, 1994, 3. Aufl., S. 171 f.

3 Entgelt

In marktwirtschaftlichen Ordnungen gilt das 'Leistungsprinzip'. Die Arbeitnehmer erhalten für eine geleistete Arbeit oder künftig zu leistende Arbeit ein Entgelt. Damit gilt das Äquivalenzprinzip zur Bestimmung der Entgelthöhe[5].

Damit Entgelthöhe und Leistung eines Arbeitnehmers in Einklang gebracht werden kann, muß die menschliche Leistung bestimmt werden. In der Regel wird die menschliche Leistung nach zwei Kriterien beurteilt. Zum einen nach der 'Art der Leistung' und zum anderen nach dem 'Ausmaß der Leistung'[6].

Die Art der Leistung hängt von der Aufgabenstellung ab. Aufgabe und Arbeitsmethode werden von den Betrieben vorgegeben. Die Art der Leistung wird mit einem für jede Tätigkeit definierten Entgelt abgegolten, das bei gleichwertiger Arbeit unverändert bleibt. In der Regel entspricht dieses Entgelt einer tariflich festgelegten Lohn- oder Gehaltsgruppe.

Der 'Art der Leistung' steht das 'Ausmaß der Leistung', d.h. wie jemand eine Arbeit verrichtet, gegenüber. Das Ausmaß der Leistung läßt sich von den Mitarbeitern unmittelbar beeinflussen, da eine Arbeit schnell oder langsam, geschickt oder ungeschickt, sorgfältig oder nachlässig ausgeführt werden kann. Um das Leistungsausmaß zu erfassen, bedient man sich der Leistungsbewertung, die entweder durch Beurteilung oder direktes Messen erfolgt[7].

3.1 Lohnformen

Lohnformen stellen einen Zusammenhang zwischen der Arbeitsleistung und der Lohnhöhe her. Da jede Lohnform spezifische Vor- und Nachteile hat, muß für jede Leistungsart, jedes Arbeitssystem und jeden Produktionsablauf die jeweils günstigste Lohnform bestimmt werden. Im gewerblichen Bereich werden die drei Entgeltformen Zeit-, Akkord- und Prämienlohn sowie Sonderformen angewandt, die in Abbildung 2 dargestellt sind.

Abbildung 2: Lohnformen

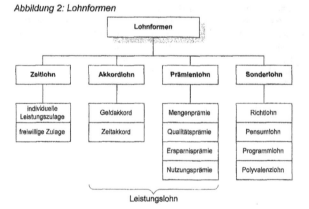

Quelle: Refa, Entgeltdifferenzierung, München, 3. Auflage 1990, S. 26 (modifiziert)

---

[5] Vgl. Kosiol, E., Leistungsgerechte Entlohnung, Wiesbaden, 1962, S. 3 ff.

[6] Vgl. Refa, Entgeltdifferenzierung, München, 3. Aufl., 1990, S. 14.

[7] Vgl. Refa, Entgeltdifferenzierung, a.a.O., S. 64.

Obwohl beim Zeitlohn eine bestimmte Leistung erwartet wird, gelten ausschließlich der Akkord- und Prämienlohn als Leistungslohn. Der Grund für diese Bezeichnung liegt darin, daß eine Änderung des Ausmaßes der Leistungshergabe eine Änderung der Entgelthöhe zur Folge hat.

3.1.1 Zeitlohn

Bei »*reinen*« Zeitlöhnen wird von den Mitarbeitern eine bestimmte Leistung hinsichtlich ihrer geistigen und körperlichen Fähigkeiten erwartet. Man kann sie in Anlehnung an die Verpflichtung aus dem Arbeitsverhältnis als '*angemessene Leistung*' bezeichnen[8]. Der Refa-Verband definiert den Zeitlohn wie folgt[9]:

- *„Der Zeitlohn ist ein Entlohnungsgrundsatz mit einer festen Vergütung für eine bestimmte Zeiteinheit. Ist diese Zeiteinheit eine Stunde, so wird von Stundenlohn und entsprechend von Zeitlohn oder Gehalt gesprochen."*

Die Zeitlöhne sind nach dem Schwierigkeitsgrad der Arbeitsleistung gestaffelt. Durch Arbeitsstudien werden die Anforderungen der einzelnen Arbeitsaufgaben untersucht und nach einem Punktsystem bewertet. Die für die einzelnen Arbeitsaufgaben erreichte Punktzahl wird mit dem tariflich festgelegten Lohnfaktor multipliziert, so daß sich daraus der Grundlohn der einzelnen Arbeitsplätze errechnet (analytische Arbeitsbewertung). Alternativ können Arbeitswertgruppen mit entsprechenden Lohngruppen gebildet werden (summarische Arbeitsbewertung).

3.1.1.1 Lohnstückkosten und Stundenverdienst im Zeitlohn

Der Zeitlohn berechnet sich aus den im Betrieb angefallenen Stunden multipliziert mit dem tariflichen oder betrieblichen Stundenlohn. Bei Änderung der Arbeitsleistung eines Mitarbeiters in einer bestimmten Zeiteinheit ändern sich daher die Lohnkosten je Stück proportional.

Beispiel: Beträgt der Stundenlohn 22,-- DM und fertigt der Mitarbeiter in einer Stunde 100 Stück eines Produktes an, so betragen die Lohnkosten je 100 Stück 22,-- DM. Steigert er seine Leistung auf 200 Stück je Stunde, so sinken die Lohnkosten je 100 Stück auf 11,-- DM. Das Risiko des Arbeitswillens des Mitarbeiters trägt der Betrieb. Dieser Zusammenhang ist in Abbildung 3 a) und b) dargestellt.

Abbildung 3: a) Betriebliche Stückkosten bei Zeitlohn, b) Stundenverdienst des Zeitlöhners

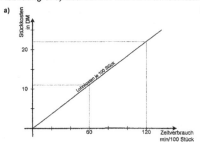
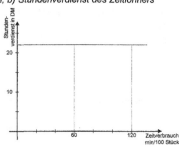

---

[8] Vgl. Grote, M., Personal- und Ausbildungswesen, Bochum, o. J., Kap. 4.1, S. 1 ff.
[9] Refa, Entgeltdifferenzierung, a.a.O., S. 63.

Mit dem Zeitlohn wird sowohl die Art der Leistung als auch das Ausmaß der Leistung abgegolten. Eine über die Normalleistung hinausgehende Leistung, kann über eine Leistungsbeurteilung honoriert werden.

3.1.1.2 Zeitlohn mit Leistungszulage

Der Zeitlohn mit Leistungszulage wird mit Hilfe von Leistungsmerkmalen bestimmt. Um die Höhe der Leistungszulage im Einzelfall zu bestimmen, müssen vom Betrieb Leistungsmerkmale definiert werden. Ziel der Leistungsbeurteilung ist die Quantifizierung der Leistung in Form eines Leistungswertes. Von der Höhe des Leistungswertes ist die Höhe der Leistungszulage abhängig. Im Gegensatz zum Zeitlohn ohne Leistungszulage wird der Grundlohn durch eine variable Leistungszulage ergänzt.

Zeitlohn = Grundlohn + variable Leistungszulage

Inwieweit ein Mitarbeiter die Leistungsmerkmale erfüllt, wird durch die Vorgesetzten in einem halbjährlichen oder jährlichen Rhythmus beurteilt.

3.1.2 Akkordlohn

Bei Akkordlöhnen wird eine Vorgabezeit[10] je Produktionseinheit (Zeitakkord) oder ein fester Geldwert je Produktionseinheit (Geldakkord) festgelegt. Der Zeitbedarf, der effektiv für eine Leistung benötigt wird, hat auf die Lohnhöhe keine Auswirkung. Während sich beim Zeitlohn Leistungsänderungen auf die Lohnstückkosten auswirken, bleiben bei Leistungsänderungen im Akkord die Lohnstückkosten konstant. Der Refa-Verband definiert den Akkordlohn wie folgt[11]:

- *„Akkordlohn ist ein Entlohnungsgrundsatz, bei dem der Lohn in der Regel anforderungs- und leistungsabhängig differenziert wird. Als Leistungskennzahl wird die vom Menschen beeinflußbare Mengenleistung beziehungsweise der daraus abgeleitete Zeitgrad benutzt. [...]"*

In den Tarifverträgen werden als Ausgangsbasis Akkordrichtsätze festgelegt, die sich auf die Anforderungen der Arbeitsaufgabe gründen. Der Akkordrichtsatz ist der Verdienst, der bei normaler Leistung von den Mitarbeitern erreicht werden soll.

Die 'Normalleistung' wird über eine Vorgabezeit von der Fertigungsvorbereitung nach den Regeln des Arbeitsstudiums bestimmt. Sofern die Vorgabezeit im Einzelfall nicht erreicht wird, ist der tarifliche Akkordrichtsatz zu zahlen, der einem tariflichen Grundentgelt entspricht. Das Risiko des Betriebes infolge mangelhaften Arbeitswillens oder Ungeschicklichkeit der Mitarbeiter ist damit ausgeschaltet.

3.1.2.1 Berechnung des Zeit- und Geldakkord

Der Geldakkord ist vom Zeitakkord zu unterscheiden. Beim Geldakkord wird ein fester Geldwert je Produktionseinheit gezahlt. Der Berechnungsalgorithmus lautet:

Akkordlohn = Erarbeitete Menge × Geldsatz je Mengenheit.

---

[10] Vgl. Pitter A., Fertigungswirtschaft, Ludwigshafen, 6. Auflage, 1995, S. 75.
[11] Refa, Entgeltdifferenzierung, a.a.O., S. 32.

Der Geldsatz je Mengeneinheit ist das Produkt aus Vorgabezeit je Mengeneinheit und Geldfaktor je Einheit der Vorgabezeit.

Beim Zeitakkord wird eine feste Zeit je Produktionseinheit vorgegeben. Der Zeitakkord wird nach folgendem Algorithmus berechnet:

$$Akkordlohn = \frac{Erarbeitete\ Menge \times Vorgabezeit \times Geldfaktor\ je\ Einheit\ der\ Vorgabezeit}{Einheit\ der\ Vorgabezeit}.$$

Der Geldfaktor ergibt sich aus dem Stundenverdienst der Lohngruppe dividiert durch 60 Minuten, da die Vorgabezeit gewöhnlich in Minuten angegeben wird:

$$Geldfaktor\ je\ Einheit\ der\ Vorgabezeit = \frac{Stundenverdienst\ der\ Lohngruppe}{60\ Min.}.$$

Der Grund für die vorrangige Anwendung des Zeitakkord liegt darin, daß im Falle von Tariferhöhungen die monetären Bewertungen bei Anwendung des Geldakkord geändert werden müssen.

Oftmals wird zusätzlich ein *´Zeit- oder Leistungsgrad´* zu Kontrollzwecken berechnet, um die Plausibilität von Vorgabezeiten zu prüfen. Der Leistungsgrad bestimmt jedoch nicht die Lohnhöhe. Der Berechnungsalgorithmus lautet:

$$Leistungsgrad = \frac{Erarbeitete\ Menge \times Vorgabezeit}{Verbrauchte\ Zeit} \times 100\% = \frac{Sollzeit}{Istzeit} \times 100\%.$$

3.1.2.2 Lohnstückkosten und Stundenverdienst im Akkord

Der Stundenlohn im Akkord ändert sich proportional zur Leistungshergabe. Steigt die Leistung nimmt der Zeitverbrauch je Stück ab und der Stundenverdienst entsprechend zu. Der Akkordlohn steigt oder fällt entsprechend dem Mengen-Leistungsergebnis. Dadurch ergibt sich eine extreme Bindung zwischen Leistung und Lohn, da sich Änderungen der Leistungshergabe direkt proportional und (theoretisch) unbegrenzt im Lohn niederschlagen.

Beispiel: Beträgt der Akkordlohn je 100 Stück 18,-- DM, so beträgt der Stundenlohn bei Fertigung von 100 Stück in 60 Minuten 18,-- DM, bei Fertigung von 150 Stück 27,-- DM. Werden 50 Stück in 60 Minuten gefertigt, beträgt der Akkordlohn 9,-- DM (vgl. Abbildung 4 b). Die Lohnstückkosten bleiben dadurch für den Betrieb konstant (vgl. Abbildung 4 a).

Abbildung 4: a) Stückkosten bei Akkordlohn, b) Stundenverdienst des Akkordlöhners

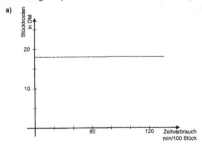
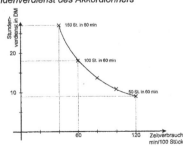

3.1.3 Prämienlohn

Die Prämienentlohnung ist als eigenständige Form der Entlohnung anzusehen, d.h. sie unterliegt Gesetzen und Verträgen nach denen Leistung und Lohn geregelt sind. Der Prämienlohn ist hinsichtlich seiner Leistungsgrößen eine vielfältig gestaltbare Lohnform. Der Refa-Verband definiert den Prämienlohn wie folgt[12]:

- *„Prämienlohn ist ein Entlohnungsgrundsatz, bei dem das Entgelt anforderungs- und leistungsabhängig differenziert wird. Als Leistungskennzahlen werden vom Menschen beeinflußbare Mengen-, Güte-, Nutzungs- und Ersparnisleistungsdaten oder deren Kombinationen benutzt."*

Die Prämienentlohnung unterliegt als Entlohnungsform der Mitbestimmung des Betriebsrates. Sobald die Prämienentlohnung vereinbart ist und die Leistungsvoraussetzungen erfüllt werden begründet die Vereinbarung einen langfristigen rechtlichen Anspruch der Mitarbeiter. Daher unterscheidet sich die Prämienentlohnung von der 'Prämie', die regelmäßige und unregelmäßige Zuwendungen umfaßt.

3.1.3.1 Voraussetzungen und Definition der Kenngrößen

Die Prämienentlohnung läßt sich anwenden, wenn zwei Voraussetzungen erfüllt sind. Zum einen muß festgelegt werden, welche Arten von Leistung die Mitarbeiter beeinflussen sollen. Das erzielbare Leistungsergebnis der Mitarbeiter muß nach sachlichen Kriterien innerhalb eines festgelegten Leistungsbereiches erfaßbar sein. Damit kommen solche Merkmale in Betracht, die einen meßbaren Maßstab enthalten. Zum anderen muß der Prämienausgangslohn so festgelegt werden, daß die Mitarbeiter ihn mit »angemessenem« Leistungseinsatz erreichen können. Die Spanne der zu prämierenden Leistungsergebnisse wird durch die Bestimmung eines Prämienein- und Prämienausgangslohnes festgelegt.

Folgende Kenngrößen bestimmen den Aufbau eines Prämienlohnsystems[13]:

- *K ist die variable Leistungskennzahl.*
- *Die Zahlenwerte für die minimale und maximale Leistungskennzahl K_{min} und K_{max} begrenzen die Leistungsspannweite des Prämienlohnsystem. Die Leistungskennzahl K_{min} wird Prämienausgangs-, Prämienanfangs-, Grund- oder Richtleistung genannt. K_{max} wird als Prämienendleistung bezeichnet.*
- *L_{min} wird als Prämienausgangslohn und L_{max} als Prämienendlohn bezeichnet. Die Differenz zwischen L_{min} und L_{max} ist die Prämienspanne. Die Kennzahlen können als Geldbetrag oder als Prämienprozentsatz festgelegt werden.*

In Abbildung 5 ist die Kennlinie eines Prämiensystems dargestellt, wobei die Leistungkennzahl als Abszisse und der Prämienlohn als Ordinate aufgetragen sind. Es sind sowohl Prämienausgangs- und Prämienendleistung (K_{min}, K_{max}) als auch Prämienausgangs- und Prämienendlohn (L_{min}, L_{max}) eindeutig festgelegt. Gewöhnlich bewegt sich das Leistungsergebnis der Mitarbeiter innerhalb der festgelegten Leistungsspanne. Je nach erreichter Kennzahl wird hierfür der jeweils zugehörige Prämienlohn bezahlt, der sich nach dem Verlauf der Prämienlohnlinie richtet. Da für jede Leistung ein bestimmter Prämienlohn gezahlt wird, ist das Prämiensystem vollständig bestimmt.

---

[12] Refa, Entgeltdifferenzierung, a.a.O., S. 43.
[13] Vgl. Fremmer, H., et al, Handbuch des Prämienlohns, Köln, 1989, S. 25.

18

Abbildung 5: Kennlinie eines Prämienlohnsystems

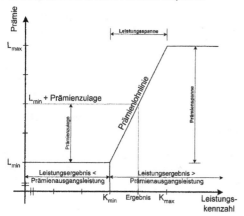

Quelle: Refa, Entgeltdifferenzierung, München, 1991, S. 43 (modifiziert)

3.1.3.2 Bezugsmerkmale des Prämienlohns

Die Prämienentlohnung kann auf mehrere betrieblich sinnvolle Merkmale bezogen werden, die nach objektiven Maßstäben erfaßbar sind und die einer Beeinflußbarkeit der Mitarbeiter unterliegen.

Die meisten Bezugsmerkmale lassen sich auf vier Grundmerkmale zurückführen, die in Abbildung 6 dargestellt sind. Daneben sind einige Bezugsmerkmale der Grundmerkmale aufgeführt, die beliebig erweitert werden können. Neben der Prämie mit einem Grundmerkmal, besteht darüber hinaus die Möglichkeit ´kombinierte Prämien´ zu bilden.

Abbildung 6: Prämienarten und ihre Bezugsmerkmale

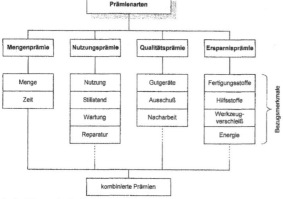

Quelle: Wiesner, H., Der Prämienlohn in Theorie und Praxis, Köln, 1969, S. 29 (modifiziert)

3.1.3.3 Prämienausgangs- und Prämienendleistung

Die Festlegung der Prämienausgangsleistung und des Prämienausgangslohnes sind mit dem Betriebsrat zu vereinbaren. Die Prämienausgangsleistung entspricht der Soll-Leistung bzw. Normalleistung eines Mitarbeiters, einer normalen Betriebsmittelnutzung oder einem technisch unvermeidlichen Ausschuß.

Der Prämienausgangslohn ist das Leistungsergebnis, daß mit angemessener Leistungshergabe vom Mitarbeiter erreicht werden kann. Für die Erbringung der Prämienausgangsleistung wird der Grundlohn gewährt. Ist das erbrachte Leistungsergebnis besser als die Prämienausgangsleistung, so steigt der Lohn durch die einsetzende Prämie entsprechend der Prämienlohnlinie. Daher bestimmt vorrangig die Prämienausgangsleistung die Höhe der Prämie.

Die Prämienendleistung ist so festzulegen, daß die Mitarbeiter ein Ziel für ihren Leistungseinsatz haben. Die Prämienendleistung richtet sich in der Regel nach der maximal vertretbaren menschlichen Leistung, der maximal möglichen Betriebsmittelnutzung oder bestimmten Qualitätsanforderungen.

3.1.3.4 Prämienlohnlinie

Der Prämienlohn zählt neben dem Akkordlohn zu den Lohnformen, bei denen die Mitarbeiter durch den Lohnanreiz angespornt werden. Im Vordergrund steht, ein bestimmtes Leistungsniveau zu erreichen und innerhalb eines zumutbaren Rahmens zu steigern.

Bei der Prämienentlohnung wird von einer Prämienausgangsleistung ausgegangen, für die ein Grundlohn gewährt wird. Die Steigerung der Leistung bis zum *»optimalen Ergebnis«* wird als Prämie honoriert, die je nach Zielsetzung in unterschiedlichster Weise der Leistungslohnlinie zugeordnet wird. In Abbildung 7 sind beispielhaft einige Lohnlinienformen dargestellt. In der Regel steigt die Prämienhöhe in Abhängigkeit von der erreichten Leistungskennzahl - sofern die Prämienausgangsleistung überschritten worden ist - bis zum maximal möglichen Prämienendlohn. Damit kann der Leistungslohnanteil in unterschiedlicher Weise auf die Steigerung der menschlichen Leistungshergabe bezug nehmen.

Abbildung 7: Festlegung der Prämienlohnlinie

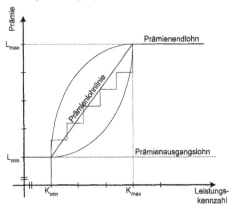

Quelle: Wiesner, H., Der Prämienlohn in Theorie und Praxis, Köln, 1969, S. 48 (modifiziert)

3.1.3.5 Einführung von Prämienlohnsystemen

Ziel der Prämienentlohnung ist es, optimale Leistungsergebnisse unter Berücksichtigung des betriebswirtschaftlichen Nutzen zu erreichen. Da die Höhe des Prämienlohns leistungsabhängig ist, sind eindeutige betriebswirtschaftliche Zielvorstellungen erforderlich.

Damit ein Prämiensystem auf Dauer bestand hat, muß es auf zuverlässigen Grunddaten aufbauen. Die Ermittlung der Bemessungsgrundlage ist daher Voraussetzung zur Einführung von Prämienlohnsystemen. In der Regel leitet sich durch die Ermittlung der Grunddaten eine Betriebsvereinbarung zum Aufbau eines Prämienlohnsystems ab. Zur Einführung sind unter Einbeziehung der Vorbereitungsarbeiten in systematischer Folge sieben Stufen zu durchlaufen[14]:

1. *Prämienziel festlegen (Bezugsmerkmale),*
2. *Arbeitssituation gestalten und beschreiben,*
3. *Prämienlohnsystem durch Auswahl der Prämienart aufbauen,*
4. *Vereinbarung mit dem Betriebsrat erzielen,*
5. *Probelauf und Schattenrechnung durchführen,*
6. *Einführung,*
7. *Überwachung des Systems und Kontrolle der Zielerreichung.*

Bei der Einführung eines Prämienlohnsystems wird in der Regel auf Daten bereits abgelaufener Zeitperioden zurückgegriffen, für die die Leistungsergebnisse bekannt sind. Dadurch kann die zukünftig zu erwartende Leistung im Prämienlohn sicher abgeschätzt werden.

Die organisatorischen Aufwendungen zur Verwaltung von Prämiensystemen sind vergleichsweise hoch, da eine Ist-Leistungsdatenerfassung erforderlich ist. Gleichzeitig können die Daten zur Kontrolle der Zielerreichung genutzt werden, so daß höhere Verwaltungsaufwendungen gerechtfertigt sind.

3.1.4 Sonderlohnformen

Bei den Entlohnungsformen Zeit-, Akkord- und Prämienlohn mit Leistungsbeurteilung wird die erbrachte Leistung um die Höhe des leistungsabhängigen Lohns am Ende einer Abrechnungsperiode ermittelt. Bei den Sonderlohnformen legt man die Höhe des Entgelts und eines leistungsabhängigen Teils für eine zukünftige Periode fest. Das Über- oder Unterschreiten der erwarteten Leistung berührt den leistungsabhängigen Entgeltanteil in späteren Abrechnungsperioden[15].

3.1.4.1 Richtlohn

Der Richtlohn entspricht vom Grundsatz her dem Zeitlohn. Für Arbeitsaufgaben die eine Vorgabe aufgrund von Daten ermöglichen, werden im Unterschied Richtzeiten ermittelt und dem Mitarbeiter bekanntgegeben. Zur Datenermittlung können Berechnungen, bereinigte Zeitwerte aus der Vergangenheit, Schätzungen, Zeitklassen und Systeme vorbestimmter Zeiten verwandt werden. Die tatsächlich erzielten Leistungsergebnisse werden mit den Richtwerten verglichen, ohne daß sich Abweichungen auf den Lohn auswirken.

---

[14] Vgl. Fremmer, H., et al, a.a.O., S. 93.
[15] Vgl. Refa, Entgeltdifferenzierung, a.a.O., S. 59.

3.1.4.2 Pensumlohn / Vertragslohn

Beim Pensumlohn werden die periodenkonstanten Solldaten wie beim Akkordlohn ermittelt. Die Istdaten werden je nach Fertigung stichprobenartig überwacht, so daß ein Soll-Ist-Vergleich erfolgen kann. Der Unterschied zum Akkordlohn besteht in der Festschreibung des leistungsabhängigen Lohnbestandteils für eine zukünftige Periode. Für den Mitarbeiter ergibt sich dadurch der Vorteil einer zeitweiligen Entgelthöhensicherung. Da gleichbleibende Kosten über einen festen Zeitraum anfallen, ergeben sich aufgrund der besseren Planbarkeit Vorteile für den Betrieb.

Pensum- und Vertragslohn sind von der Benennung her unterschiedliche Lohnformen. Ihr Aufbau und ihr Anwendungsbereich sind jedoch weitgehend identisch, so daß die Begriffe synonym verwendet werden.

3.1.4.3 Programmlohn

Der Programmlohn ist ein leistungsabhängiger Lohn, dessen Ausgangslohn höher angesetzt wird als beim Prämienlohn. Bei der Einhaltung eines bestimmten Fertigungsprogramms wird der Lohn zu 100% ausbezahlt. Bei einer Nichteinhaltung, die von den Mitarbeitern zu verantworten ist, können Abzüge erfolgen. Hierzu sind genaue Sollzeiten bzw. Solldaten im voraus zu bestimmen. Darüber hinaus müssen die Anforderungen des Fertigungsprogramm für die Mitarbeiter *»zumutbar«* sein. Eine besondere Vergütung für Zeitunterschreitungen findet nicht statt.

3.1.4.4 Polyvalenzlohn

Unter Polyvalenz versteht man die Qualifikationen eines Mitarbeiters für verschiedene Arbeitsaufgaben oder Arbeitsplätze. Die Entlohnung richtet sich nach der Anzahl der Arbeitstätigkeiten, die ein Mitarbeiter potentiell ausführen kann. Das Ziel ist, dem Mitarbeiter einen Anreiz zu geben, seine Qualifikation und Flexibilität zu verbessern. Dabei spielt es keine Rolle, ob der Mitarbeiter diese Tätigkeiten regelmäßig in seinem Arbeitssystem ausführt.

3.2 Analytische und summarische Arbeitsbewertung

Die Mitarbeiter werden nach der Arbeitsaufgabe *'eingruppiert'* die sie ausüben. Im Gegensatz hierzu wird die Arbeitsaufgabe nach dem im Tarifvertrag festgelegten Verfahren *'eingestuft'*. Die Arbeitsaufgabe (Arbeitsplatz, Tätigkeit, Einzelaufgabe, Arbeitsbereich) wird nach den Anforderungen bewertet, die sie stellt. Über den Zuschnitt der Arbeitsaufgaben und damit über die Anforderungen entscheidet in der Regel der Betrieb.

Die Arbeitsbewertung erfolgt nach einem summarischen oder analytischen Verfahren. Beim summarischen Verfahren sind in den entsprechenden Tarifverträgen Lohngruppenbeschreibungen vereinbart, die Tätigkeitsmerkmale und Oberbegriffe für die einzelnen Gruppen enthalten. Dabei liegen den Einstufungsverfahren[16] folgende vier Anforderungsarten zu Grunde: *'Können'*, *'Verantwortung'*, *'Belastung'* und *'Umgebungseinflüsse'*. Diese Anforderungsarten lassen sich in mehrere Bewertungsmerkmale im Rahmen der analytischen Arbeitsbewertung aufgliedern.

---

[16] Vgl. Refa, Entgeltdifferenzierung, a.a.O., S. 15.

Die Siemens-Arbeitsbewertung macht von differenzierten Bewertungsmerkmalen gebrauch. Die Einstufung der Arbeitsplätze erfolgt nach der Siemens-Arbeitsbewertung nach einem Punktbewertungsschema, daß folgende Faktoren berücksichtigt:

Können	*Umgebungseinflüsse*
- Kenntnisse	*- Schmutz*
- Geschicklichkeit	*- Staub*
Verantwortung	*- Öl*
- bei eigener Arbeit	*- Temperatur*
- für die Arbeit anderer	*- Nässe*
- für die Sicherheit anderer	*- Gase, Dämpfe*
Arbeitsbelastung	*- Lärm*
- geistig	*- Erschütterung*
- muskelmäßig	*- Blendung, Lichtmangel*
	- Erkältungsgefahr
	- hinderliche Schutzkleidung
	- Unfallgefahr,

wobei zu jedem Arbeitsplatz zusätzlich Arbeitsaufgabe, -beschreibung und Bewertungsgründe aufgeführt sind.

3.3 Lohntabelle und Lohngruppen

In den Tarifverträgen gelten ausschließlich anforderungs- und leistungsbezogene Entgeltdifferenzierungen. Dabei wird der Grundlohn, d.h. der Stunden- oder Monatslohn nach der tariflichen Lohntabelle anforderungsabhängig differenziert. Tabelle 1 zeigt die derzeit gültige Lohngruppentabelle für die Betriebsstätten Bocholt und Kamp-Lintfort.

Der Grundlohn ist der Teil des Entgeltes, die die Mitarbeiter aufgrund gesetzlicher oder tariflich vereinbarter Merkmale der Eingruppierung in eine bestimmte Lohngruppe erhalten.

Tabelle 1: Lohntabelle für PN KE BCH und KLF

SAB - Siemens Arbeitsbewertung				
Ecklohn (100%): 2987 DM/Monat 19,62 DM/Std.				
Lohnschlüssel in %	Lohngruppe	Stundenlohn in DM	Monatsgrundlohn in DM	Geldfaktor Dpf./Min.
133,00	11	26,10	3973	43,500
122,00	10	23,93	3644	39,883
111,02	9	21,78	3316	36,300
100,09	8	19,64	2990	32,733
96,00	7	18,84	2868	31,400
91,47	6	17,94	2732	29,900
88,51	5	17,37	2644	28,950
88,49	4	16,97	2583	28,283
86,00	3	16,87	2569	28,117
85,52	2	16,78	2554	27,967
85,00	1	16,68	2539	27,800

gültig ab 1.4.1997

3.4 Lohnformenstruktur und Mitarbeitergruppen

Tabelle 2 stellt die Lohnformenstruktur am Standort Bocholt dar. Von den *1826* gewerblichen Mitarbeitern werden *643* Mitarbeiter im Zeitlohn, *584* Mitarbeiter im Akkordlohn und *599* Mitarbeiter im Prämienlohn beschäftigt.

Für die Zeit-, Akkord- und Prämienlohnformen wird eine separate Bezeichnung für die Mitarbeitergruppe[17] verwendet. Aus diesem Grund sind zusätzlich die Mitarbeitergruppen-Bezeichnungen in der Tabelle aufgeführt.

Die Mitarbeitergruppe teilt sich in solche mit und ohne Sonderleistungsvertrag. Der Sonderleistungslohn liegt zwischen 5 bis 30% vom tarifvertraglichen Grundlohn und wird Mitarbeitern gewährt, die sich vertraglich zu einer Mehrleistung verpflichten. Die Sonderleistungszulage ist eine vertraglich fixierte Zulage. Eine freiwillige Sonderzulage kann darüber hinaus erteilt werden.

Tabelle 2: Lohnformen und Mitarbeitergruppen

Lohnformen bei der Siemens AG		
Lohnformen	**Mitarbeitergruppe**	**Mitarbeiteranzahl**
Zeitlöhner mit Sonderleistungsvertrag	52	75
Zeitlöhner	55	568
Akkordlöhner	57	584
Akkordlöhner mit festem Lohnsatz (Richtlohn)	57	
Prämienlöhner	58	599
Prämienlöhner mit Sonderleistungsvertrag	59	

Quelle: Siemens AG, Bocholt Juni 1997

---

[17] Zweistellige Zahl.

4 Organisation der Fertigung und der Lohndatenerfassung

Zum Geschäftsbereich PN KE der Siemens AG gehören die Standorte Bocholt, Kamp-Lintfort und Witten. An den Standorten werden Kommunikationsendgeräte und Nebenstellenanlagen für den nationalen und internationalen Markt gefertigt. Die Siemens AG erreichte 1994/1995 ein Umsatzvolumen von rund 7 Mrd. DM im Geschäftsbereich PN KE und gehört damit zu den weltweit größten Anbietern auf diesem Gebiet[18].

Am Standort Bocholt werden vorrangig schnurlose und schnurgebundene Telefone gefertigt. Zum Grundverständnis des Fertigungsablaufes wird an dieser Stelle der Ablauf zur Fertigung von Telefonen verkürzt dargestellt.

4.1 Fertigung von Telefonapparaten

Telefone bestehen in der Regel aus Gehäuse, Bodenwanne, Flachbaugruppe, Tastenfeld, Schaltfolie, Lautsprecher, LCD-Anzeige, Handapparat und verschiedenen Kleinteilen.

Die Herstellung von Telefongeräten beginnt damit, daß auf eine Leiterplatte eine Lotpaste mittels Siebdruck aufgebracht wird. Ergänzend können spezielle Dosiergeräte eingesetzt werden. Anschließend werden die elektronischen und mechanischen Bauelemente mit den Anschlußflächen in die Lotpaste gesetzt. Aufgrund der einfacheren Verarbeitung werden vorwiegend ´SMD-Bauelemente´[19] verwendet.

Zur Bestückung der Leiterplatten mit SMD-Bauelementen werden spezielle Automaten eingesetzt. Hierdurch läßt sich eine vollautomatische Leiterplattenbestückung erreichen. Je nach Taktzeitanalyse werden mehrere Bestückautomaten seriell oder parallel zu SMD-Montagelinien gekoppelt. In Abbildung 8 ist eine SMD-Montagelinie mit den erforderlichen Einrichtungen dargestellt.

Die SMD-Bauelemente werden durch Bestückautomaten auf die Leiterplatte mit der Lotpaste gesetzt. Beim Reflowlöten[20] wird das aufgebrachte Lot aufgeschmolzen, wodurch die zu lötenden Bauelemente mit der Leiterplatte verbunden werden.

Abbildung 8: SMD-Montagelinie mit SMD-Bestückautomaten und Reflow-Lotanlage

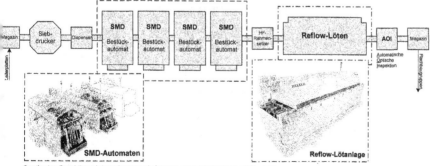

Quelle der Graphiken: Internet www.aut.siemens.com; Internet www.heller.com

---

[18] Vgl. Siemens AG, Profitables Wachstum mit Telefon-Systemen, in: Handelsblatt, 11. Januar 1996, S. 17.
[19] Surface Mounted Devices.
[20] Spezielles Lötverfahren.

Das Endprodukt der SMD-Montagelinie ist eine bestückte Leiterplatte, die als Flachbaugruppe bezeichnet wird. Nach dem Lötprozeß durchläuft die Flachbaugruppe die automatische optische Inspektion (AOI), wobei das optische Bild der Flachbaugruppe mit einer Referenzaufnahme verglichen wird, so daß ungenau platzierte und verpolte Bauelemente erkannt werden können.

Um die Funktionsfähigkeit der Telefonapparate zu gewährleisten, werden die Flachbaugruppen anschließend geprüft. Da die Flachbaugruppe als Kernelement eines Telefons viele erforderliche technische Einrichtungen enthält, kann eine »weitgehende« Prüfung durchgeführt werden. Hierzu durchlaufen die Flachbaugruppen spezielle Prüflinien. Die Prüflinien bestehen in der Regel aus den Testverfahren: 'In-Circuit-Test', 'Funktionsuntersuchung' und 'Hochfrequenztest'. Der In-Circuit-Test dient der elektrischen Prüfung von Flachbaugruppen. Dabei wird über Testpins ein direkter Kontakt zwischen Prüfautomat und Flachbaugruppe hergestellt. Bei der Funktionsuntersuchung wird die Telefonfunktion im niederfrequenten Bereich geprüft. Die sich anschließenden Hochfrequenztests sind für schnurlose Telefongeräte konzipiert, um die Funktion von Mobilteil und Basisstation sicherzustellen (drahtlose Übertragung). Jeder gefundene Fehler wird protokolliert und anschließend behoben.

Die Kunststoffteile werden vorrangig in der Abteilung 'Kunststoffverarbeitung' hergestellt. Die zur Herstellung von Kunststoffteilen verwendeten Spritzgußmaschinen sind in komplexe Produktionssysteme eingebunden, die aus einem abgestimmten System von Transport- und Lagersystem, Beschriftungs- und Prüfautomat, sowie Montage- und Verpackplätzen bestehen. Sofern die Flachbaugruppen und die Peripherieteile wie Lautsprecher, Kabel, Verpackung, Beipackzettel vorhanden sind, können die Telefongeräte in der Abteilung Kunststoffverarbeitung versandfertig verpackt werden. Vor Auslieferung an den Kunden werden die Telefongeräte stichprobenartig von der Qualitätssicherung geprüft.

Ergänzend zu den Produktionssystemen, stehen in den Werkstätten Montagelinien zur Verfügung auf denen ebenfalls Telefongeräte montiert und verpackt werden können. Die Montagelinien bestehen aus einem Werkstückträgersystem, Montage- und Verpackplätzen sowie Prüfautomaten. Die Montagelinien sind nicht mit Spritzgußmaschinen gekoppelt, so daß Flachbaugruppen, Kunststoffteile und Peripherieteile an die Montagelinien herangeführt werden müssen.

Der beschriebene Ablauf ist in Abbildung 9 dargestellt. Hierbei handelt es sich um ein vereinfachtes Prozeßmodell zur Fertigung von Telefonen.

Abbildung 9: Vereinfachtes Prozeßmodell zur Fertigung von Telefonen

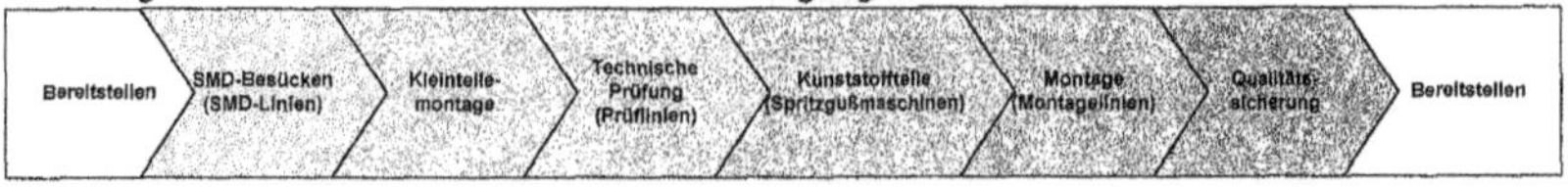

4.2 Organisatorische Bereiche am Standort Bocholt

In Tabelle 3 sind die organisatorischen Bereiche dargestellt, in denen am Standort Bocholt gewerbliche Mitarbeiter tätig sind. Zur 'Fertigung' zählen die Fertigungsbereiche und die Abteilung Kunststoffverarbeitung. Die verbleibenden organisatorischen Einheiten zählen zu den 'fertigungsnahen Bereichen' (Standortdienste, Instandhaltung, Qualitätssicherung, Versorgungszentrum, Formen- und Vorrichtungsbau) oder zu den 'ergänzenden Bereichen' (Hotline, Speisebetrieb). Im Rahmen dieser Studie wird ausschließlich die Lohndatenerfassung der sechs Fertigungsbereiche[21] untersucht.

---

[21] Bau 30/3, Bau 30/4, Bau 33, Bau 40, Schlavenhorst, Kunststoffverarbeitung.

26

Tabelle 3: Organisatorische Bereiche am Standort Bocholt

Bereich	Kurzbezeichnung	Kurzbeschreibung der Aufgaben
Fertigungsbereiche	FB	Fertigung (Montage- und Prüfbetrieb)
Kunststoffverarbeitung	KV	Fertigung von Kunststoffteilen, Montagebetrieb
Qualitätssicherung	QS (QP, QZ, PSI)	Sicherung der Qualität in der Fertigung Qualitätssicherung, Qualitätszertifizierung, Produktsicherheit
Instandhaltung		Instandhaltung der Produktions- und Arbeitssysteme
Standortdienste	StD	Instandhaltung, Werkserhaltung
Formenbau		Bau von Spritzgußformen für die Kunststoffverarbeitung
Vorrichtungsbau		Bau von Vorrichtungen für die Fertigung
Versorgungszentrum	VZ	Logistik, Bereitstellen von Material am Standort
Hotline	HO	Kundenservice, Bearbeitung von Kundenanfragen
Casino	CA	Speisebetrieb

4.2.1 Aufbauorganisation der Werkstätten

Die Werkstätten repräsentieren den ´Ort der Entstehung von Lohnansprüchen´, so daß zunächst die Zuständigkeiten der einzelnen Organisationsbereiche aufgezeigt werden.

In Abbildung 10 ist die »typische« Organisationsstruktur einer Werkstatt[22] in Form eines Organigrammes dargestellt. Unter dem Leiter der Fertigung sind der Meister, Werkstattsteuerer, Prozeßoptimierer und Produktbetreuer angeordnet. Jeder Meister betreut in der Regel eine Werkstatt, in der zwischen 150 und 350 gewerbliche Mitarbeiter arbeiten. Die Meister sind verantwortlich für den »reibungslosen« Fertigungsablauf, wodurch sich eine Reihe von dispositiven Aufgaben ergeben.

Jede Werkstatt verfügt über einen Werkstattsteuerer. Die Aufgabe der Werkstattsteuerer besteht darin, die vorhandenen Werkstattkapazitäten mit Fertigungsaufträgen zu belegen. Der Werkstattsteuerer legt in Abstimmung mit der zentralen Auftragsabwicklung die Reihenfolge der Aufträge fest und kontrolliert den Auftagsfortschritt. Produkt- und Prozeßoptimierer ergänzen die Werkstätten und tragen zur Verbesserung und Vereinfachung der Fertigungsabläufe bei.

Abbildung 10: Aufbauorganisation der Werkstatt Bau 30/4

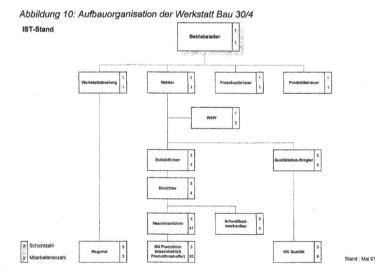

---

[22] Bau 30/4.

Unter den Meistern ist das Werkstattschreibwesen (WSW) als Stabsabteilung angeordnet. Das WSW hat die Aufgabe, die Mitarbeiter in der Fertigung zu betreuen. In diesem Zusammenhang nimmt das Werkstattschreibwesen eine wichtige Stellung bei der Lohndatenerfassung ein.

Den Meistern sind die Schichtführer unterstellt. Da das Werkstattpersonal in drei Schichten[23] arbeitet und jede Werkstatt mit einem Meister besetzt ist, wird ein Schichtführer als Vertretung benötigt. Zu den Aufgaben der Einrichter zählt das Auf- und Abrüsten von Betriebsmitteln und die Störungsbeseitigung. Darüber hinaus sind die Einrichter für das Ausstellen von Lohnbelegen verantwortlich. Den Einrichtern ist jeweils eine Mitarbeitergruppe unterstellt, so daß sie gleichzeitig Gruppenführer sind.

Unter den Einrichtern sind die Mitarbeiter der Produktion angeordnet, die die Betreuung und Bedienung der Anlagen übernehmen. Den Transport von Material innerhalb der Werkstätten übernehmen die Produktionshelfer, die in dem Organigramm nicht als separate Organisationseinheit aufgenommen wurden. Während der Transport innerhalb der Werkstätten von den Produktionshelfern geregelt wird, ist für die Einlagerung von Unterlagen und Material spezielles Bedienungspersonal vorhanden[24]. Darüber hinaus hat jede Werkstatt in der Regel eine eigene Qualitätssicherung. Zu der Qualitätssicherung zählen die Qualitätsbeauftragten und die Mitarbeiter der Qualität.

Da sich die Aufbauorganisation der Werkstätten - einschließlich der Abt. Kunststoffverarbeitung - ähnelt und damit der Abbildung 10 weitestgehend entspricht, wird an dieser Stelle auf die Darstellung weiterer Organigramme verzichtet.

4.2.2 Aufbauorganisation des Werkstattschreibwesen

Abbildung 11 stellt die Aufbauorganisation des Werkstattschreibwesen am Standort Bocholt dar. Das Werkstattschreibwesen ist dezentral organisiert, da in der Regel jeder Bereich über ein Werkstattschreibwesen verfügt. Je nach Belegschaftsstärke der Werkstätten arbeiten im Werkstattschreibwesen ein oder zwei Mitarbeiter.

Die Abt. Kunststoffverarbeitung unterscheidet sich bezüglich der Lohndatenerfassung von den anderen Fertigungsbereichen. Vorwiegend werden die Mitarbeiter dort im Einzelakkord beschäftigt, so daß sich teilweise andere abrechnungstechnische Verfahrensweisen entwickelt haben. Aus diesem Grund ist die Abt. Kunststoffverarbeitung im Organigramm über eine gestrichelte Verbindungslinie dargestellt.

Abbildung 11: Darstellung der WSW-Struktur am Standort Bocholt

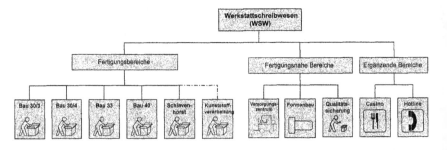

---

[23] Vgl. Abb. 10 Legende: Schichtzahl.
[24] Megamat-Bedienung.

4.2.3 Tätigkeiten des Werkstattschreibwesen

Die Hauptaufgabe des Werkstattschreibwesen besteht darin, die Lohnabrechnung für die gewerblichen Mitarbeiter durchzuführen. Daher nehmen die Werkstattschreibkräfte eine Schlüsselstellung zur Lohndatenerfassung am Standort Bocholt ein. Analysiert man die Tätigkeiten des Werkstattschreibwesens, so lassen sich die Tätigkeiten in drei Kategorien einteilen:

1. Lohndatenerfassung,
2. Personalzeiterfassung und
3. sonstige Tätigkeiten.

Legt man diese Kategorien zu Grunde, so entfällt rund eine Drittel der Arbeitszeit einer Werkstattschreibkraft auf jedes Aufgabengebiet. Dabei ist zu berücksichtigen, daß es sich um eine durchschnittliche Betrachtung über die Fertigungsbereiche handelt. Sofern das Werkstattschreibwesen eines Bereiches aus zwei Mitarbeitern besteht, können bereichsintern andere Arbeitsaufteilungen vorgenommen werden.

4.2.3.1 Sonstige Tätigkeiten

Zu den sonstigen Tätigkeiten des Werkstattschreibwesen zählen allgemeine Bürotätigkeiten, wie Telefondienst, Ablagearbeiten, Schriftwechsel, Bestellung von Büro- und Arbeitsmaterial, Ausstellung von Unfallmeldungen. Zudem nehmen die Werkstattschreibkräfte eine Reihe von organisatorischen und administrativen Funktionen in Abstimmung mit den Meistern wahr. Hierzu zählen die Erstellung von werkstattinternen Listen und Statistiken und die Beratung über *'personelle Maßnahmen'* wie Neueinstellungen, Vergabe von Leistungszulagen und die Umsetzung von Mitarbeitern. Darüber hinaus übernehmen die Werkstattschreibkräfte die organisatorische Abwicklung von Neueinstellungen und -entlassungen (Spindverwaltung, Abmahnungen, Kündigungsanträge, Personalkarten, Informationsblätter).

Neben den allgemeinen Bürotätigkeiten und den Tätigkeiten nach Anweisung des Meisters, halten die Werkstattschreibkräfte den Kontakt zur Personalabteilung und der Fertigungsvorbereitung. Dabei ist die Fertigungsvorbereitung direkter Ansprechpartner in Fragen von Arbeitszeiten, Schichtmodellen, Vorgabezeiten, Fertigungsdatenblättern, Zeitstudien, Gestaltung von Arbeitsplätzen (Ergonomie), Arbeitssicherheit, Einstufung von Arbeitsplätzen (Anforderungsermittlung), Arbeitsplatzbeschreibungen und Fertigungstechnik.

Die Personalabteilung ist Ansprechpartner bezüglich arbeits- und tarifvertraglicher Fragen. Sie ist sowohl für die Entgeltabrechnung als auch für die Personalzeiterfassung am Standort verantwortlich. Dabei werden von der Personalabteilung die Personalstammdaten wie Personal.-Nr., Lohngruppe, Stammkostenstelle, Anschrift, Familienstand, Steuerklasse, Zeitmodell, Bankverbindung und Grundvergütung verwaltet.

4.2.3.2 Personalzeiterfassung - PZE

Neben den sonstigen Tätigkeiten ist die Betreuung der Personalzeiterfassung ein Aufgabengebiet der Werkstattschreibkräfte. Da am Standort Bocholt im Mai '97 eine automatisierte Personalzeiterfassung in den Fertigungsbereichen eingeführt wurde, hat sich die Zeiterfassungstechnik am Standort grundlegend verändert.

Anhand der vertraglichen Arbeitszeiten nach dem Schichtmodell werden sämtliche An- und Abwesenheitszeiten der Mitarbeiter durch PZE verwaltet. Mit Hilfe von Durchzugslesern und

Werksausweisen erfassen die Mitarbeiter die betrieblichen Anwesenheitszeiten weitestgehend selbsttätig. Ein Teil der An- und Abwesenheitszeiten muß jedoch in PZE am Bildschirm erfaßt werden. Die hiermit zusammenhängenden Aufgaben erledigen die Werkstattschreibkräfte.

4.2.3.3 Lohndatenerfassung - LDE

Die Lohndatenerfassung gehört zum Aufgabenbereich der Werkstattschreibkräfte. Zur Lohndatenerfassung zählt die Kontrolle und die DV-technische Verarbeitung der Lohnbelege. Die Lohnbelege werden in der Regel von den Mitarbeitern oder den Einrichtern ausgefüllt, jedoch von den Werkstattschreibkräften kontrolliert und DV-technisch erfaßt. Neben der Kontrolle der Lohnbelege zählt die Berechnung von Leistungsgraden im Akkord zu den Aufgaben der Werkstattschreibkräfte. In Abbildung 12 ist der Ablauf zur Erfassung und Verarbeitung von Lohnbelegen dargestellt.

Abbildung 12: Ist-Ablauf zur Lohndatenerfassung

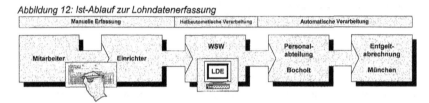

4.3 Erfassung und Verarbeitung von Lohndaten

Die Abbildung 13 zeigt den strukturellen Aufbau der Lohndatenerfassung. Die Lohndaten werden zunächst durch die Mitarbeiter oder die Einrichter auf Werkstattebene, d.h. 'am Ort ihrer Entstehung', auf Lohnbelegen erfaßt.

Die Lohnbelege werden durch die Werkstattschreibkräfte kontrolliert und anschließend DV-technisch weiterverarbeitet. Zur DV-technischen Verarbeitung zählt die Eingabe der Lohndaten in das Lohndatenerfassungsprogramm (LDE). Am Monatsende werden die Daten aus LDE und PZE per Datenfernübertragung an das zentrale Entgeltabrechnungssystem nach München transferiert. Für den ordnungsgemäßen Transfer der Lohndaten sind die jeweiligen Fachabteilungen[25] in Zusammenarbeit mit der Zentralstelle in München verantwortlich.

Die Berechnung der Brutto- und Nettolöhne erfolgt auf einem Großrechner in München. Dabei gehen die Daten aus der Personalzeit- und Lohndatenerfassung, die sich von Monat zu Monat mitarbeiterspezifisch ändern, in die Entgeltabrechnung ein. Da die vom Standort Bocholt übertragenen Daten aus LDE und PZE in der Regel monetär unbewertet sind, kommt dem Entgeltabrechnungssystem die Aufgabe zu, unter den rechtlichen Bedingungen für jeden Mitarbeiter einen Bruttolohn zu ermitteln. Erst nach der Berechnung des Bruttolohn kann unter den zu berücksichtigenden rechtlichen Randbedingungen ein Nettolohn berechnet werden, der für die Mitarbeiter zur Auszahlung gelangt.

---

[25] Fertigungsvorbereitung und Personalabteilung.

30

Die Ermittlung der Bruttoverdienste erfolgt bei jeder Entgeltabrechnung drei mal[26]. Der erste Lauf wird als ´Prüflauf´ bezeichnet, bei dem für jeden Mitarbeiter eine Korrektur-Bruttoverdienstübersicht erstellt wird. Eine Korrektur-Bruttoverdienstübersicht wird ausgedruckt, wenn Fehler im Sinne der Entgeltabrechnung aufgetreten sind. Typische Fehler sind Zeitabweichungen zwischen PZE- und LDE-Daten oder Verdienstabweichungen zum Vormonat.

Die Bruttoverdienstübersichten des ersten Laufes gehen von der Personalabteilung an die Werkstattschreibkräfte zur Korrektur zurück. Diese können anhand der ausgedruckten Bruttoverdienstübersichten die aufgetretenen Fehler in der Regel erkennen. Sofern Fehler in Zusammenhang mit LDE- und PZE-Daten auftreten, erfolgt die Korrektur durch die Werkstattschreibkräfte. Die Korrektur wird entweder direkt auf der Bruttoverdienstübersicht oder einem speziellem Korrekturbeleg durchgeführt. Die Korrektur-Bruttoverdienstübersichten gehen anschließend an die Personalabteilung zurück. Dort werden die Fehler nach Maßgabe der Werkstattschreibkräfte im Entgeltabrechnungssystem korrigiert.

Beim zweiten Lauf, der als ´Schlußlauf´ bezeichnet wird, wiederholt sich dieser Vorgang, wobei die Korrekturen aus dem ersten Prüflauf berücksichtigt sind. Der dritte Lauf dient schließlich als Grundlage zur Berechnung der Bruttolöhne.

Abbildung 13: Struktureller Aufbau der Lohndatenerfassung

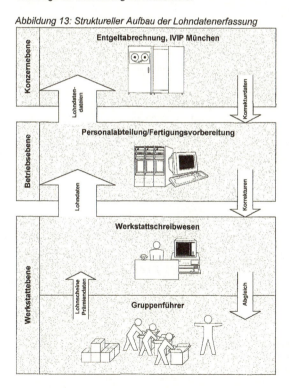

---

[26] Zwei Korrekturläufe.

5 Entgeltabrechnung

Durch die zunehmende Bedeutung des Mitarbeitereinsatzes in den Betrieben, haben sich die Anforderungen an die DV-Systeme zur Entgeltabrechnung gewandelt. Heute steht die Erfüllung und Überwachung des personal- und finanzwirtschaftlichen Teils der bestehenden Arbeitsverträge, sowie der abrechnungsbezogene Teil der Arbeitgebersorgfaltspflichten im Vordergrund[27].

Zudem verlangt die Entgeltabrechnung die Erfüllung der gesetzlich auferlegten Arbeitgeberpflichten aus Arbeits-, Steuer-, Gesellschafts-, Zivil-, Beitrags-, Leistungs-, Melde-, Auskunfts-, Bescheinigungs- und Statistikrecht. Die gesetzlichen Auflagen setzen sich aus materiellen und formalen Auflagen und Regeln zusammen, die die Komplexität der heutigen Abrechnung nachhaltig erhöhen.

Darüber hinaus erweitern die betrieblichen Belange das Aufgabenspektrum der Entgeltabrechnung. Zunehmende Regelungen bei der Entlohnung über Betriebsvereinbarungen und ständige Anpassung der Arbeitsverträge aufgrund individueller und rechtlicher Veränderungen sind Einflußgrößen, denen die Entgeltabrechnung gerecht werden muß.

5.1 Engeltabrechnungssysteme

Bei der Siemens AG wird die Entgeltabrechnung mit dem Entgeltabrechnungssystem 'IVIP'[28] durchgeführt. Das Entgeltabrechnungssystem IVIP wird ausschließlich bei der Siemens AG eingesetzt und soll zum Jahrtausendwechsel durch 'Peoplesoft' ersetzt werden.

Da IVIP mit anderen Standard-Entgeltabrechnungssystemen wie 'Loga', 'Paisy' oder 'Hansalog' vergleichbar ist, wird im Rahmen dieser Studie allgemein auf die Aufgaben der Entgeltabrechnung eingegangen. Damit bleibt die Betrachtung unabhängig vom eingesetzten Entgeltabrechnungssystem.

Zunächst kann die Entgeltabrechnung als 'Black-Box' betrachtet werden, bei der Ein- und Ausgangsschnittstellen vorgegeben sind. In Abbildung 14 ist der schematische Aufbau der Black-Box dargestellt, in deren Mitte sich das Entgeltabrechnungssystem befindet. Als Eingangsdaten der Entgeltabrechnung werden die 'Stamm- und Bewegungsdaten' benötigt.

Zu den Stammdaten zählen die Daten, die selten geändert werden müssen, während zu den Bewegungsdaten solche Daten zählen, die sich von Abrechnung zu Abrechnung ändern. Innerhalb der Entgeltabrechnung werden die Daten bei jeder Entgeltabrechnung neu ausgewertet und verarbeitet. Das Ergebnis der Entgeltabrechnung wird weiteren Informationsempfängern - gewöhnlich in Zeitabständen von einem Monat - zur Verfügung gestellt. Zu den Interessenten der Abrechnungsinformationen zählen neben den Mitarbeitern das betriebliche Rechnungswesen, die Sozialversicherungsträger und das statistische Bundesamt.

Aufgrund der verschiedenen Weiterverarbeitungsmöglichkeiten für Entgeltabrechnungsinformationen bietet sich eine funktionale Trennung in eine personen- und sachbezogene Entgeltabrechnung[29] an. Die personenbezogene Abrechnung beschränkt sich auf mitarbeiterspezifische Informationen, während die sachbezogene Entgeltabrechnung in der Regel Informationen eines größeren Mitarbeiterkreises umschließen.

---

[27] Vgl. Oppermann, Die Entgeltabrechnung, Frechen, 1995, S. 5 ff.

[28] Integriertes Verarbeitungs- und Informationssystem für Personaldaten.

[29] Vgl. Hentschel, B. und Kolzter, H.-J., Computergestützte Entgeltabrechnung, Köln, 1997, S. 23.

32

Abbildung 14: Funktionen der Entgeltabrechnung

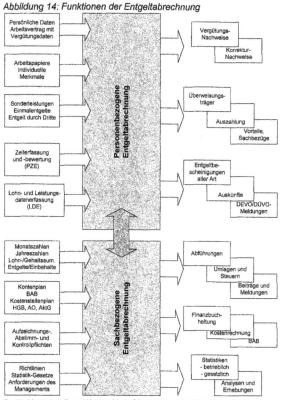

Quelle: Hentschel, B. und Kolzter, H.-J., Computergestützte Entgeltabrechnung, Köln, S. 23 (modifiziert)

5.2 Verfahrensschritte

Die Entgeltabrechnung läßt sich in vier Verfahrensschritte gliedern, die unabhängig von der eingesetzten Systemlösung Gültigkeit haben[30] :

1. *Erfassung (Input)*
2. *Datenspeicherung*
3. *Berechnungsverfahren (Rechenalgorithmus)*
4. *Ausgabe (Output)*

5.2.1 Erfassung

Der Erfassung von Abrechnungsdaten liegen zwei Methoden zu Grunde. Bei der ersten Methode werden die Daten durch Aufschreibung von Tatbeständen zum Zeitpunkt ihrer Entstehung auf Erfassungsbelegen generiert. Bei der zweiten Methode werden die Abrechnungsdaten aus bereits vorliegenden Informationen bestimmt.

---

[30] Vgl. Hentschel, B. und Kolzter, H.-J., a.a.O., S. 44.

Die erste Methode setzt voraus, daß bei der Datenentstehung bereits Darstellungsformen und Formate auf den Erfassungsvorgang ausgerichtet sind, während bei der zweiten Methode zeitliche Projektionen erforderlich werden. Die bei der Entgeltabrechnung zu erfassenden Daten gliedern sich in die:

- *Stammdaten,*
- *Zeitdaten,*
- *Lohndaten und*
- *Be- und Abzugsdaten,*

wobei zwischen *»unbedingt notwendigen«* und *»wahlweise vorliegenden«* Daten zu unterscheiden ist. Zu den unbedingt notwendigen Daten zählen solche, ohne deren Vorlage die Entgeltabrechnung nicht durchgeführt werden kann. Dabei handelt es sich in der Regel um Daten, deren Aufnahme gesetzlich vorgeschrieben ist. Wahlweise vorliegende beeinflussen hingegen den Abrechnungsprozeß.

5.2.1.1 Stammdaten

Jeder Mitarbeiter eines Betriebes verfügt innerhalb der Entgeltabrechnung über einen Stammdatensatz oder ein Personalstammblatt. Die Stammdaten der DV-gestützten Entgeltabrechnung beinhalten folgende Informationsgruppen:

- *Identifizierungsmerkmale des Mitarbeiters,*
- *Daten zur Person sowie beschreibende Daten,*
- *arbeitsvertragliche Daten,*
- *betriebliche Daten,*
- *steuerrechtliche Daten,*
- *beitragsrechtliche Daten,*
- *leistungsrechtliche Daten,*
- *melderechtliche und statistische Daten,*
- *Überweisungsdaten,*

die anhand der vom Mitarbeiter vorzulegenden nachweispflichtigen Arbeitspapiere oder vom Mitarbeiter direkt mittels Fragebogen erhoben werden. Darüber hinaus können die Stammdaten dem Mitarbeiter bezüglich seines arbeitsvertraglichen Status und zur Identifikation vom Arbeitgeber zugeordnet werden.

5.2.1.2 Personalzeit- und Lohndaten

Die Personalzeit- und Lohndaten gehören zu den Bewegungsdaten der Entgeltabrechnung, da sie bei jeder Abrechnung im Vergleich zum Vormonat in anderer Form und Höhe anfallen. Die Bewegungsdaten der Entgeltabrechnung generieren sich am Standort Bocholt aus der Personalzeit- und Lohndatenerfassung.

Da die Bewegungsdaten der Entgeltabrechnung ständigen Änderungen unterliegen, ist ihr Erfassungsaufwand im Vergleich zu den Stammdaten hoch. Der Erfassungsaufwand richtet sich nach der erforderlichen Genauigkeit, die teils gesetzlich/tariflich vorgeschrieben ist und teils den betrieblichen Belangen entsprechen muß.

34

Neben den Vorschriften des Gesellschaftsrechts und den Grundsätzen ordnungsmäßiger Speicherbuchführung (GoBS), in denen die wichtigsten Anforderungen an eine Buchführung festgelegt
sind, verlangen die steuer- und beitragsrechtlichen Vorschriften bestimmte Einzelaufzeichnung von
Zeit- und Lohndaten.

Das Einkommensteuergesetz verlangt neben dem Ausweis eines Grundlohnes den Nachweis der
geleisteten Sonntags-, Feiertags- und Nachtarbeit. Die Einzelaufzeichnung genügt häufig nicht, da
eine wertmäßige Trennung der Zeit- und Lohndaten nach bestimmten Kriterien erforderlich sein
kann. Werden Entgeltdaten zur Ermittlung der Herstellkosten verwendet, ist der getrennte Ausweis
von gesetzlich/tariflichen und freiwilligen Sozialaufwendungen vorzunehmen[31].

Die betrieblichen Personalzeiterfassungsmethoden orientieren sich an den eingesetzten Entlohnungsformen, die für Gehalts- und Lohnempfänger unterschiedlich anzuwenden sind. Während bei
Gehaltsempfängern die Negativ-Zeiterfassung eingesetzt wird, ist bei Lohnempfängern die Positiv-
Zeiterfassung üblich[32]. Sofern jedoch Gleitzeitregeln im Bereich der Gehaltsempfänger angewandt
werden, wird bei den Gehaltsempfängern ein Erfassungsverfahren wie bei den Lohnempfängern
erforderlich.

Bezogen auf den Leistungslohn ist neben der Zeiterfassung eine Leistungsdatenerfassung erforderlich, da die Sicherung des betrieblichen Erfolges ein bestimmtes Maß an Kontrolle erfordert.
Die Leistungsdatenerfassung ist notwendig, um die Abweichung des Ist-Arbeitserfolges vom definierten Soll-Arbeitserfolg festzustellen und bei der Entgeltabrechnung entsprechend zu berücksichtigen[33]. Hinsichtlich des Arbeitserfolges sind viele Bezugsmerkmale vorstellbar, so daß sich in
der Regel keine Standardisierung der Verfahren erreichen läßt.

Neben der Leistungsdatenerfassung wird eine Lohndatenerfassung benötigt, damit die erfaßten
Daten nach kostenrechnerischen Erfordernissen strukturiert werden können, d.h. nach

- *Kostenarten*   (Gliederung der Kosten nach der Aufwandsarten)
- *Kostenstellen*   (Ort der Kostenentstehung)
- *Kostenträger*   (produktbezogene Zuordnung).

Diese Informationen sind zum Zweck der innerbetrieblich durchzuführenden Kostenrechnung obli-
gatorisch[34].

5.2.1.3 Be- und Abzugsdaten

Sonstige Be- und Abzüge gehören zu den Bewegungsdaten, selbst wenn sie als laufende Ver-
rechnungsarten mit Saldo vorgetragen werden[35]. Bei den sonstigen Bezügen handelt es sich vorrangig um unregelmäßige Zuwendungen. Darüber hinaus zählen geldwerte Vorteile und die für die
Arbeitsverwaltung auszuzahlenden Gelder[36] zu den sonstigen Bezügen.

---

[31] Vgl. Gesetz zu Anschaffungs- und Herstellkosten vom 10.5.1987 (HGB), RGBl. S. 219, §255, Abs. 2.
[32] Vgl. Adamski, B., Die Organisation der computergesteuerten Zeitwirtschaft, Köln, 1995, S. 122 ff.
[33] Vgl. Kapitel 3.1.3.
[34] Vgl. Kilger, W. Einführung in die Kostenrechnung, Wiesbaden, 3. Aufl., 1987, S. 95 ff.
[35] Vgl. Hentschel, B. und Kolzter, H.-J., a.a.O., S. 53.
[36] Kindergeld und Kurzarbeitergeld.

Zu den sonstigen Abzügen gehören Einbehaltungen und sonstige Forderungen, die im Rahmen der Entgeltabrechnung wirksam werden. Die Erfassung der sonstigen Bezüge ist nach steuer-, beitrags- und leistungsrechtlichen Vorschriften vorzunehmen, d.h. abrechnungsperiodengerechte Erfassung und Verrechnung im Hinblick auf die Zeiträume der Anspruchsentstehung.

5.2.2 Datenspeicherung

In Zusammenhang mit der Entgeltabrechung versteht man unter der Datenspeicherung das Festhalten von Daten, die für den Abrechnungsprozeß aufbereitet oder innerhalb der Abrechnung als Ergebnisse gewonnen werden[37]. Dabei sind die gesetzlich zu speichernden Daten und die aus organisatorischen Gründen zu speichernden Daten zu berücksichtigen. In diesem Zusammenhang ist die manuelle von der DV-technischen Datenspeicherung zu unterscheiden.

Unabhängig vom angewandten Speicherungsverfahren, ist zusätzlich eine Unterscheidung zwischen langfristig und temporär zu speichernden Daten vorzunehmen. Diese Abgrenzung hat Einfluß auf die Organisation, da auf die ständige bzw. langfristige Verfügbarkeit bestimmter Daten aus rechtlichen und betrieblichen Gründen geachtet werden muß.

5.2.3 Berechnungsverfahren

Eine Aufgabe der Entgeltabrechnung ist die Durchführung der Brutto- und Nettoentgeltberechnung unter Berücksichtigung der gesetzlichen Abzüge. Hiermit ist gleichzeitig die Bereitstellung der Ergebnisse für die Auszahlungs- und Ausgabeverfahren verbunden.

Das dem Arbeitsvertrag zu Grunde liegende Gegenleistungsprinzip[38] verlangt die Umsetzung der erbrachten Arbeitsleistung in ein Entgelt. Das Entgelt wird als Bruttolohn oder -gehalt für eine durch den Betrieb festgelegte Abrechnungsperiode aus den Zeitdaten und Leistungsindikatoren ermittelt. Da zwischen zwei Entgeltarten - Bruttolohn und -gehalt - unterschieden wird, sind zwei Abrechnungsmethoden aufgrund des arbeitsvertraglichen Status der Mitarbeiter anzuwenden. Nach der betrieblichen Abrechnungspraxis werden die Bruttolöhne additiv und die Bruttogehälter subtraktiv ermittelt[39].

Die Verfahrensschritte zur Entgeltermittlung sind gleich, obwohl sich bei einigen Berechnungsschritten das Vorzeichen umkehrt. Zur Ermittlung des Bruttolohns wird eine zu bezahlende Abwesenheit den Lohnansprüchen hinzuaddiert, während zur Ermittlung des Bruttogehaltes der Wert für eine unbezahlte Abwesenheiten von dem festgelegten Gehaltsbetrag abgezogen wird.

Zum Zeitpunkt der Bruttoentgeltberechnung müssen die erforderlichen Eingangsdaten, wie Zeit- und Leistungsdaten, An- und Abwesenheitszeiten, Grundlohndaten, sonstige Entgelte und Sachbezüge vorliegen. In Abbildung 15 ist ein vereinfachtes Schema zur Bruttoentgeltermittlung mit den durchzuführenden Verarbeitungsschritten dargestellt:

- *Zeit-/Leistungsbewertung nach gesetzlichen, tariflichen und betrieblichen Vergütungsregeln*
- *Monetäre Bewertung*
- *Trennung der Bruttowerte für die gesetzlichen Abzüge.*

---

[37] Vgl. Hentschel, B. und Kolzter, H.-J., a.a.O., S. 53.
[38] Vgl. Grote, M., a.a.O., S. 1 ff.
[39] Vgl. Kilger, W., a.a.O., S. 95 ff.

Zeit- und Leistungsinformationen, An- und Abwesenheitszeiten sowie sonstige Entgelte müssen zum Abrechnungszeitpunkt vorliegen, da bei verspäteter oder falscher Vorgabe durch die Fachabteilungen rückwirkende Korrekturen auf bereits abgerechnete Zeiträume erforderlich werden. Diese sind mit einem hohen Aufwand verbunden, da die Entgelte dann bereits ausgezahlt und weiterverarbeitet wurden. Aus diesem Grund werden Korrekturläufe zur Bruttoentgeltberechnung durchgeführt, nach deren Abschluß Korrekturen mit geringem Aufwand möglich sind[40].

Abbildung 15: Vereinfachtes Schema zur Bruttoentgeltermittlung

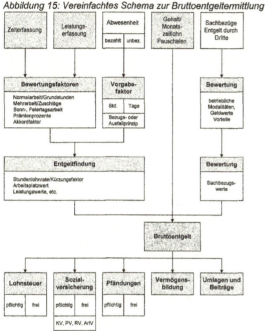

KV: Krankenversicherung, PV: Pflegeversicherung, RV: Rentenversicherung, ArlV: Arbeitslosenversicherung

Quelle: Hentschel, B. und Kolzter, H.-J., Computergestützte Entgeltabrechnung, Köln, 1997, S. 57 (modifiziert)

5.2.3.1 Bruttoverdienstübersicht

Entgeltarten sind die Entgeltbestandteile, die die Höhe des Brutto- und Nettoentgeltes ausmachen. Die Entgeltarten enthalten eine systemseitige Identifikation durch die Vergabe einer Kennung, so daß jederzeit nachgewiesen werden kann, aus welchen Bestandteilen sich das Brutto- bzw. Nettoentgelt zusammensetzt. Voraussetzung ist die ordnungsgemäße Steuerung der einzelnen Entgeltarten in der Bruttoentgeltbildung.

In Abbildung 16 ist beispielhaft die Bruttoverdienstübersicht eines Akkordlöhners für den Abrechnungsmonat Mai dargestellt. Die Stammdaten des Mitarbeiters finden sich auszugsweise in der Kopfzeile, während die Bewegungsdaten den variablen Teil der Bruttoverdienstübersicht ausmachen. Innerhalb der Bewegungsdaten finden sich die Kennungen, mit denen Einzelposition nachgewiesen werden können. Die Bewegungsdaten stammen aus der Personalzeit- und Lohndatenerfassung am Standort.

---

[40] Vgl. Kapitel 4.3.

Abbildung 16: Bruttoverdienstübersicht eines Akkordlöhners

Bruttoverdienstübersicht

Monat/Jahr 05/97   Blatt-Nr. 1

PA	Besch.-Kl.	Stammkosten-stelle/Abt.	Personal-Nr.	Zu- und Vorname		Mitarbeiter-gruppe	Tarif-gebiet	Stamm-Lohngr.	Normal-arbeitszeit	Austrittszeit	Mehrarbeits-zeit	Mehrarbeits-zeit	Summe St. Abr. Monat	Stundendifferenzen vor der Abrechnung			Stammkosten-stelle/Abt.	Personal-Nr.
				Stammdaten										1. Vormonat	2. Vormonat	3. Vormonat		
316	30	023 592	00 4711	Meier, Josef		57	141	02	63:00				63:00				023 592	00 4711

Zeilen-Nr.	Kennung	Auftragsnummer			Los-Nr./Pos.	Arb.-platz	Fertigungs-stelle/belast.Kostenstelle	Arbeits-platz		gefertigte Menge/Gruppen-/Prämienfaktor		Vorgabe						Überzahlung			Gesamt/zeit/N-Satz	Tage vertr.Stunden	Lohrsatz Tagessatz Geschäftsf.	Bewertung	
	GrpWP	An-wes										Vorgabe je Einheit	Nebenzeit	FR	Rüst-zeit		Vorgabe je Einheit	FR	Rüst-zeit					
		Bewegungsdaten der Entgeltabrechnung																					**Entgeltabrechnung**		
1	05	03200	K3	23 62 02 52608452	090	023 592				114:00	02	3	93:00					106:02				27.967	29.65	0
2	05	03200	K3	23 62 02 52610509	100	023 592				290:00	02	3	91:00					283:90				27.967	73.80	0
3	05	03200	K3	23 62 02 52612049	100	023 592				517:00	02	3	93:00					480:81				27.967	134.47	0
4	05	03200	K3	23 62 02 52612082	100	023 592				1106:00	02	3	93:00					1028:58				27.967	287.86	0
5	05	03200	K3	23 61 02 52607330	110	023 592				2294:00	02	3	69:00					1582:56				27.967	442.68	0
6	05	03200	K3	23 61 02 52610520	080	023 592				2472:00	02	3	70:00					1730:40				27.967	483.94	0
7	05	10312				023592				Bezahlte Pausen											3:50	24:51	85:79	0
	05	49600								Einarbeitungsstunden											1:75		0:00	6
	05	43043								9 Fortzahlung Urlaub											8:75	24:50	214:43	0
	05	43745								9 Ausgleich Urlaub											8:75	3:51	30:76	6
	05	43745								9 Zusätzliche Urlaubsvergütung											8:75	28:02	122:59	6
	05	43093								9 Fortzahlung Feiertag											8:75	26:65	233:19	0
	05	43093								9 Fortzahlung Feiertag											8:75	26:65	233:19	0
	05	43093								9 Fortzahlung Feiertag											8:75	26:65	233:19	0
	05	43043								9 Ausgleich Urlaub											43:75	24:50	1072:13	0
	05	43745								9 Ausgleich Urlaub											43:75	3:51	153:80	6
	05	43745								9 Zusätzliche Urlaubsvergütung											43:75	28:02	612:97	6

Monat/Jahr	Durchschnitts-stundenverdienst	Durchschnitts-Akkordverdienst	Zeitgrad in % Durchschnittsminuten	Akkordstunden	Zeitlohnstunden	Bezahlte Fehlzeiten		Stunden	betrage
05/97	24:41	24:41	145,45	59:50	3:50	78:75		63:00	1537:99
04/97	24:51	24:55	146,33	Basen für den Abrechnungsmonat					
03/97	23:44	23:48	142,06	DSV-Std. 63:00 DM 1537:99					
02/97	22:70	23:04	139,38	%-Mehrverdienst 45,47					

5.2.3.2 Nettoentgeltberechnung

Die Aufgabe der Nettoentgeltrechnung besteht darin, einen mitarbeiterspezifischen Auszahlungs-betrag zu ermitteln. Dabei ist zu berücksichtigen, daß die Bruttolöhne und -gehälter verschiedenen gesetzlichen Abzügen unterliegen. Grundsätzlich gilt *'was steuerpflichtig ist, ist auch beitrags-pflichtig'*. Allerdings sind Abweichungen festzustellen, die bei der Entgeltberechnung beachtet werden müssen. Die gesetzlichen Abzüge bestehen aus folgenden Anteilen:

- Steuer (Lohnsteuer, Solidaritätszuschlag, Kirchensteuer)
- Sozialversicherung (Kranken-, Renten-, Arbeitslosen-, Pflege- und Unfallversicherung).

Zwischen Nettolohn und Auszahlbetrag sind zudem Abzüge und Auszahlungen zu berücksich-tigen. Hierzu zählen Eigenleistungen, Kindergeld, Kurzarbeitergeld, Reisekostenvergütungen, in-nerbetriebliche Forderungen, Beiträge zu Zusatzversorgungskassen sowie Lohn- und Gehaltsab-tretungen. Daher gilt das Prinzip, daß das Nettoentgelt dem Auszahlbetrag entspricht, einge-schränkt[41].

5.2.4 Ausgabeverfahren

Zu den Funktionen des Ausgabeverfahrens zählen die Verbuchung, Abführung, Fortschreibung, Nachweisung und Auswertung der Entgeltabrechnungsdaten nach gesetzlichen, betrieblichen und abrechnungstechnischen Erfordernissen. Dabei ist zu unterscheiden, ob es sich um ständig zu speichernde Informationen, temporär zu speichernde Informationen oder um »durchlaufende Posten« handelt. Die Unterscheidung ist für das anzuwendende Ausgabeverfahren erforderlich. Temporäre Abrechnungsdaten bilden die Grundlage für den nächsten Abrechnungsmonat, wohin-gegen durchlaufende Posten ausschließlich in einer Abrechnungsperiode berücksichtigt werden.

Das Ausgabeverfahren dient dazu, die Abrechnungsinformationen in den angrenzenden Verfahren außerhalb der Entgeltabrechnung einzuspeisen. Hierzu müssen die Ergebnisse der Entgeltab-

---

[41] Vgl. Hentschel, B. und Kolzter, H.-J., a.a.O., S. 76.

rechnung in den jeweils geforderten Formaten zur Verfügung gestellt werden. Die Verfahren außerhalb der Entgeltabrechnung reichen von der Übermittlung von Daten an die Kreditinstitute bis zur Weiterleitung von Daten an das betriebliche Rechnungswesen.

5.3 Entgeltabrechnung und Rechnungswesen

Bruttolöhne und -gehälter müssen als Aufwand summarisch in der Finanzbuchhaltung festgehalten werden. Die Summe der Entgelte stellen die bewerteten Personalaufwendungen eines Betriebes dar, die periodengerecht entsprechend ihrer Verursachung auf die einzelnen Kostenarten, -stellen und -träger zu verrechnen sind.

Als Nebenbuchführung stellt die Entgeltabrechnung der Kostenrechnung Grundinformationen über die aufbereiteten Personalkosten zur Verfügung. Zu diesem Thema sei an dieser Stelle jedoch auf das Kapitel 10 'Rechnungswesen' verwiesen.

5.4 Entgeltabrechnung, Personalzeit- und Lohndatenerfassung am Standort Bocholt

Das Entgeltabrechnungssystem steht am Standort in Verbindung mit der zentralen Personalzeit- und Lohndatenerfassung. Auf Betriebsebene wird IVIP durch PZE, das zentrale Personalzeiterfassungssystem der Fa. Baan und LDE, das zentrale Lohndatenerfassungssystem der Fa. Update, mit Lohndaten versorgt. Beide Systeme stellen die Bewegungsdaten der Entgeltabrechnung zur Verfügung.

Abbildung 17: Beziehung zwischen Entgeltabrechnung, Personalzeit- und Lohndatenerfassung

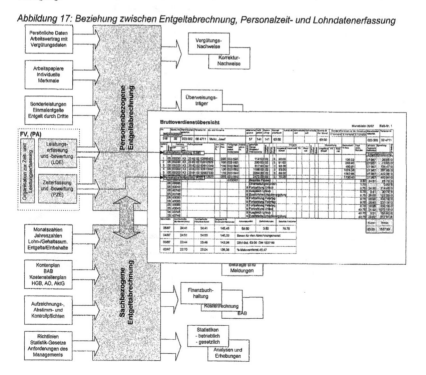

In Abbildung 17 ist die funktionale Beziehung zwischen Entgeltabrechnung, Personalzeit- und Lohndatenerfassung dargestellt. Zusätzlich ist eine Bruttoverdientstübersicht in die Abbildung eingebunden, die die Entgeltabrechnung repräsentiert. Dadurch läßt sich zeigen, daß die Bewegungsdaten aus der Personalzeit- und Lohndatenerfassung stammen und im Rahmen der Entgeltabrechnung verarbeitet werden.

5.5 Organisation zu Personalzeit- und Lohndatenerfassung

In Abbildung 18 ist die 'Organisation zur Personalzeit- und Lohndatenerfassung' auf Betriebsebene dargestellt. Nach der Abbildung übertragen sowohl PZE als auch LDE »scheinbar« unabhängig voneinander Abrechnungsinformationen an das Entgeltabrechnungssystem.

Die Personalzeiterfassung stellt die An- und Abwesenheitszeiten sowie die Zuschagszeiten einmal monatlich dem Entgeltabrechnungssystem zur Verfügung. Im Gegenzug versorgt die Entgeltabrechnung die Personalzeiterfassung mit Mitarbeiterinformationen, so daß auf eine doppelte Stammdatenhaltung und -pflege verzichtet werden kann.

LDE greift über den Umweg der Personalzeiterfassung auf die Mitarbeiterstammdaten der Entgeltabrechnung zu. Da LDE mehr Stammdateninformationen benötigt als PZE, werden die Stammdaten im erforderlichen Maße ergänzt. Die erweiterten Stammdaten stehen daher der Personalzeiterfassung zur Verfügung, obwohl sie dort keinen Verwendungszweck haben.

Die Hauptaufgabe von LDE besteht darin, die Daten der Zeit-, Akkord- und Prämienlohnbelege zu erfassen. Eine besondere Stellung nehmen die Prämienlohnbelege ein, da sie in LDE über die Akkordlohnerfassungsmaske eingegeben werden. Die Lohndaten werden neben den Personalzeitdaten einmal monatlich an das Entgeltabrechnungssystem übertragen.

Abbildung 18: Organisation zur Personalzeit- und Lohndatenerfassung

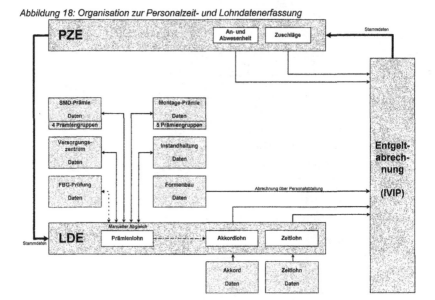

6 Personalzeiterfassung

6.1 Allgemeines

Entkopplung der Arbeitszeit von der Betriebszeit, flexible Arbeitszeiten und die Anpassung der Arbeitszeiten an den schwankenden Arbeitsanfall stellen heute viele Betriebe vor eine neue Herausforderung. Je mehr die Unternehmen diese Möglichkeiten nutzen, desto schwieriger wird eine Zeiterfassung mit manueller Aufschreibung[42].

Bisher eingesetzte manuelle oder halbmaschinelle Personalzeiterfassungsverfahren versagen bei der Verwaltung von komplexen Arbeitszeitmodellen ihren Dienst. Zuverlässigkeit, automatischer Datenfluß, Schnittstellen zu anderen DV-Anwendungen, aktuelle Auskünfte, Vorausplanung und nachträgliche Korrekturmöglichkeiten sind die geforderten Eigenschaften moderner Personalzeitwirtschaftssysteme. In *»fast«* jedem Unternehmen gehört daher eine automatisierte Personalzeiterfassung inzwischen zum festen Bestandteil. Um einige Vorteile zu nennen seien hier

- *Transparenz bei vielen Arbeitszeitregelungen und Schichtmodellen,*
- *geringerer organisatorischer Aufwand bei Einsatz vieler Teilzeitkräfte,*
- *Zeitsouveränität für die Mitarbeiter durch Einführung der Gleitzeit,*
- *höhere Objektivität und Gerechtigkeit,*
- *genauere Informationen für den Betrieb und die Mitarbeiter,*
- *geringerer Aufwand für die Berechnung von An- und Abwesenheitszeiten,*
- *geringerer Aufwand für die Berechnung von Zuschlagszeiten,*
- *automatisierte Übergabe der Zeitkonten an die Entgeltabrechnung und*
- *Schnittstellen zu anderen DV-Anwendungen*

erwähnt[43].

6.2 PZE-Software

Aufgrund der beschrieben Vorteile wurde im Mai '97 am Standort Bocholt ein maschinelles Personalzeiterfassungssystem[44] eingeführt. Hierbei handelt es sich um ein Personalzeiterfassungssystem der Fa. Baan, daß in mehr als 50 Siemens-Betriebsstätten im In- und Ausland eingesetzt wird. Das PZE-System besteht aus folgenden Funktionsmodulen:

- *Verwaltung der An- und Abwesenheiten*
- *Ermittlung von Zuschlägen*
- *Tages-, Monats- und Jahresabschluß*
- *Zeitbewertung, Zeitkorrekturen*
- *Verwaltung von Zeitmodellen*
- *Datenbankauskunft, Auswertungen*
- *Schnittstelle zur Entgeltabrechnung*

Die PZE-Software unterstützt einerseits die Erfassung und Kontrolle von An- und Abwesenheiten sowie deren abrechnungstechnische Bewertung als Vorstufe zur Entgeltabrechnung.

---

[42] Vgl. Adamski, a.a.O., S. 18 ff.
[43] Vgl. Adamski, a.a.O., S. 24 ff.
[44] Personalzeiterfassung in der Fertigung.

6.3 Mitarbeiterstammdaten

Jeder Mitarbeiter verfügt in PZE über einen Stammdatensatz, sofern er an PZE teilnimmt. Im Vergleich zu den Mitarbeiterstammdaten der Entgeltabrechnung werden in PZE ein Teil der Stammdaten verwendet. Hierzu zählen die Information über *'Personal-Nr.'*, *'Name'*, *'Vorname'*, *'Stammkostenstelle'* und *'Zeitmodell'*.

Dabei kommt der Verknüpfung zwischen den Mitarbeiterstammdatensätzen und den Zeitstammdaten eine besondere Bedeutung zu. Zeitstammdaten dienen der Verwaltung von Arbeitszeitregeln und -modellen im Betrieb. Sie werden allgemein definiert und an bestimmte Mitarbeitergruppen vergeben[45].

Das PZE-System verfügt über ein Schnittstellenprogramm, das die Übernahme der Mitarbeiterstammdaten aus dem Entgeltabrechnungssystem IVIP steuert. Dadurch können die für die Personalzeiterfassung relevanten Daten aus dem Entgeltabrechnungssystem übernommen werden.

6.4 Zeitarten

In PZE wird zwischen An- und Abwesenheitszeiten unterschieden. Zur Anwesenheitszeit zählt die vertraglich festgelegte Normalarbeitszeit, Mehrarbeit und Überstunden. Mehrarbeit ist eine über die Normalarbeit hinausgehende Arbeitszeit. Die Bewertung der Mehrarbeit erfolgt durch PZE vollautomatisch nach zuvor definierten Regeln. Sie kann je nach Vereinbarung verfallen, in Freizeitausgleich oder in genehmigte Überstunden umgewandelt werden.

Die Abwesenheitszeiten gliedern sich in bezahlte und unbezahlte Fehlzeiten. Die Definition der Fehlzeiten ergibt sich aus dem Manteltarifvertrag und den betrieblich festgelegten Regeln. Zu den wichtigsten Fehlzeitgründen zählen Urlaub, Freizeitausgleich, Arbeitsunfähigkeit, tarifliche oder gesetzliche Freistellung, Aus- und Fortbildung, Arbeitsversäumnis und betriebsbedingte Abwesenheiten. In der Regel werden Versäumniszeiten[46] aus abrechnungstechnischen Gründen in Freizeitausgleichskonten geführt, so daß sie später wieder ausgeglichen werden können.

Im Gegensatz zu den Normal- und Mehrarbeitszeiten werden die Zuschlagszeiten parallel bewertet. Der Beginn und das Ende von zuschlagspflichtigen Zeiten richtet sich nach den tarifvertraglichen Bestimmungen. Demnach sind Zuschläge auf das tarifvertragliche Grundentgelt für Spät- und Nachtarbeit, Sonntagsarbeit und Feiertage zu gewähren.

6.5 Zeiterfassung

Während die Personalzeiten der gewerblichen Mitarbeiter am Standort Bocholt früher ausschließlich mittels einer *'Anwesenheitsliste'* erfaßt wurden, werden sie inzwischen automatisiert über PZE erfaßt. Die Erfassung von Anwesenheitszeiten funktioniert in der Weise, daß die Mitarbeiter bei Ankunft und Verlassen der Werkstatt ihre betriebliche Anwesenheitszeit per Werksausweis und PZE-Terminal dem zentralen Personalzeiterfassungssystem mitteilen.

---

[45] Vgl. Adamski, B., a.a.O., S. 87.
[46] Unbezahlte Fehlzeit.

42

In Abbildung 19 ist ein PZE-Terminal dargestellt, wie es am Standort verwendet wird. Jedem Mitarbeiter sind ein oder mehrere Erfassungsterminals zugeordnet, wobei in der Regel das dem Arbeitsplatz nächstliegende Gerät benutzt wird. Nachfolgend werden kurz die Basisfunktionen eines PZE-Terminals erläutert[47].

Bei jedem Betreten und Verlassen der Werkstatt müssen die Mitarbeiter entweder eine Kommen- oder eine Gehen-Buchung vornehmen. Bei Betreten der Werkstatt ist die Taste »Kommen« am PZE-Terminal zu drücken und anschließend der Werksausweis durch den Magnetkartenleser durchzuziehen. Danach erscheint die Meldung »Saldo« im Display. Bei dem Verlassen ist die Taste »Gehen« zu drücken und wiederum der Werksausweis durch den Magnetkartenleser durchzuziehen. Anschließend erfolgt die Meldung ´Buchung angenommen´. Durch die Online-Verbindung stehen die täglichen Zeitbuchungen der einzelnen Mitarbeiter in PZE zur Verfügung. Demzufolge existiert für jeden Mitarbeiter in der Regel eine tägliche Kommt- und Geht-Buchung, sofern er am betreffenden Tag im Betrieb anwesend war. Die einzelnen Buchungen an den Terminals werden in PZE »online« geprüft und anschließend in einer Datenbank abgespeichert.

Abbildung 19: PZE-Terminal

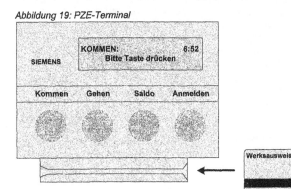

6.6 Zeitbewertung

Die ordnungsgemäße Bewertung und Verbuchung der erfaßten Zeiten ist das Kernelement der Personalzeiterfassung, denn dabei müssen die Arbeitszeitvorschriften aus Gesetzen, Tarifverträgen und Betriebsvereinbarungen beachtet werden.

Die Zeitbewertung ergibt sich anhand der Auswertung der täglichen Zeitbuchungen, die die Mitarbeiter an den PZE-Terminals durchführen. Wenn ein Zeitpaar (Kommt/Geht) vollständig ist, kann die Zeitbewertung erfolgen. Für jeden Mitarbeiter werden die Istzeiten mit den für den jeweiligen Tag gültigen Sollzeiten verglichen und die Ergebnisse in Zeitkonten abgelegt. Nacherfassungen und Korrekturen, die die Werkstattschreibkräfte am Bildschirm, vornehmen werden ebenfalls auf diese Weise verarbeitet.

Die Zeitbewertung kann in jedem Betrieb nach anderen Arbeitszeitregeln erfolgen. Dadurch ist die Zeitbewertung durch Betriebsvereinbarung über Arbeitszeitregelungen in den Betrieben mit vollautomatischer Zeiterfassung komplex geworden. Hierzu tragen die vielfältigen Schichtmodelle[48] bei.

---

[47] Vgl. Siemens AG, Arbeitszeit unter PZE, Information für Mitarbeiter, Bocholt, 1997, S. 3.

[48] Standort Bocholt: 17- und 18-Schichtmodell, Früh-, Spät- und Nachtschicht, Normalschicht, Gleitzeit.

6.7 Kontenauskunft

In der Personalzeiterfassung werden Zeitkonten im Rahmen der ´PZE-Kontenauskunft´ geführt. Mit den Zeitkonten lassen sich für jeden Monat verschiedene Summenstunden, wie Soll-Arbeitszeiten[49], Anwesendstunden, zu bezahlende Stunden, Feiertagsausfallstunden und Differenzstunden, verwalten. In der PZE-Kontenauskunft werden darüber hinaus die IVIP-Kennungen für die gesetzlichen Zuschläge[50] gepflegt.

Bei der PZE-Kontenauskunft handelt es sich um eine Datenbankauswertung der täglichen Zeitbuchungen. Die Auswertungen stehen entsprechend den aktuellen Buchungen online zur Verfügung. Zu den aktuellen Buchungen zählen neben den Buchungen an den PZE-Terminals die Buchungen an den Bildschirmen im Werkstattschreibwesen.

In Abbildung 20 ist eine PZE-Kontenauskunft eines Mitarbeiters für den Abrechnungsmonat August dargestellt. Das es sich um einen Mitarbeiter der Nachtschicht handelt, läßt sich anhand der angefallenen Zuschlagszeiten erkennen. Zu den wichtigen Informationen zählen neben den Zuschlagszeiten die zu bezahlenden Stunden (135:00 Std./Min.), die bezahlten Pausenzeiten (7:30 Std./Min.), die Anwesenheitsstunden (127:30 Std./Min.) und die Urlaubszeiten (8:45 Std./Min.). Die PZE-Kontenauskunft kann jederzeit über einen Rechner am Bildschirm angezeigt werden oder auf einem Arbeitsplatzdrucker ausgedruckt werden.

Abbildung 20: PZE-Kontenauskunft

23.09.97/08:38:45	PZE	Kontenauskunft				
Firma: 01 Werk: 316 Pers-Nr.: 004713			Stamm-Kst.: 00C23590		Funktion: 3	
Name: Schubidu, Michel			Für Monat: 08.97		Seite: 1	
			Zeitraum: 01.08.97 - 31.08.97			
Bezeichnung	Konto	Betrag	Konto	Betrag	Konto	Betrag
Allg. Summen	Saldo:	4.21	Arb-Std.:	143.45	Sollstd:	143.45
	bez. Std.:	135.00	Anwesend:	127.30	Sald-Vor:	4.33
	Diff-Vor:	-1.57	Gstd-Vor:	0.00	B02-B01:	3.45
	Nachtzul:	135.00				
Zuschläge	NO/45001:	75.00	NO/45305:	60.00	NO/45203:	9.00
	NO/45207:	12.00	NO/45241:	6.00	Bez.Pau.:	1.30
	Bez.Pau.:	6.00				
Abwesenheiten	Urlaub:	8.45				
Urlaub	Urlaub-Geno:	1,0				

6.8 Aufgaben des Werkstattschreibwesen

Die Werkstattschreibkräfte verfügen über einen Zugriff auf das zentrale Personalzeiterfassungssystem und können daher die Zeitbuchungen der abrechnungstechnisch betreuten Mitarbeiter lesen und gegebenenfalls korrigieren. Vergißt ein Mitarbeiter beim Verlassen der Werkstatt den Werksausweis am PZE-Terminal durchzuziehen, hat die Werkstattschreibkraft die Geht-Zeit nach-

---

[49] Persönliche tägliche vertragliche Arbeitszeit ohne Pausen.
[50] Beispiel: 45001 = Spätschichtstunden.

zutragen. Hierzu wird in der Regel ein Korrekturbeleg ausgestellt, so daß eine Korrekturbuchung erfolgen kann.

Da die gewerblichen Mitarbeiter im Fertigungsbereich nach einem vordefinierten Schichtmodell arbeiten[51], müssen Mehrarbeitskontingente innerhalb der Personalzeiterfassung nachgehalten werden. Zudem muß der Tausch von Schichten und der Ausgleich von Über- und Unterdeckungs-zeiten (Mitarbeiter geht nach Vereinbarung eine halbe Stunde früher und bleibt zum Ausgleich am nächsten Tag eine halbe Stunde länger) in PZE erfaßt werden.

Die Notwendigkeit geringe Abweichungen von der Soll-Schichtzeit zu erfassen, ergibt sich aus dem Arbeitszeitmodell mit festem Arbeitsbeginn und -ende. Andernfalls würde jede Überdek-kungszeit eines Mitarbeiters verfallen, während jede Unterdeckungszeit vom Lohn abgezogen würde[52]. Aus diesem Grund sollen die Einrichter am Standort als 'TimeCoach' ausgebildet werden, so daß sie selbständig Abweichungen von der Soll-Arbeitszeit ihrer Mitarbeitergruppe in PZE erfassen können.

Obwohl ein Großteil der Zeitbuchungen über die PZE-Terminals erfolgt, verbleiben Fälle, bei denen eine nachträgliche Korrektur am Bildschirm erforderlich ist. Typische Korrekturbuchungen sind:

- *Nachträgliches erfassen von Zeiten,*
- *Ergänzen und verändern von Zeiten,*
- *Fehlzeiten erfassen und verteilen,*
- *Erlaubnis für Mehrarbeit eingeben,*
- *Schicht tauschen,*
- *Zeiten für Betriebsversammlungen erfassen,*
- *Zeitmodell abändern.*

6.9 Anwesenheitslisten zur Personalzeiterfassung

Vor der Einführung von PZE wurden die An- und Abwesenheitszeiten sowie die Zuschlagszeiten von den Werkstattschreibkräften manuell ermittelt. Zu diesem Zweck wurden Anwesenheitszeits-listen geführt, die heute - nach Einführung von PZE - in den Werkstätten eingesetzt werden.

In Abbildung 21 ist ein Auszug aus einer Anwesenheitsliste abgebildet. Im dargestellten Fall han-delt es sich um einen Nachtschichtmitarbeiter, dessen Arbeit um 21:00 Uhr beginnt und am näch-sten Morgen um 6:00 Uhr endet.

Die Anwesenheitsliste wird Monat für Monat aus dem Entgeltabrechnungssystem ausgedruckt und enthält das Tagesprogramm bzw. Zeitmodell der Mitarbeiter für den jeweiligen Abrechnungs-monat[53]. In der oberen Zeile befindet sich ein Teil der Mitarbeiterstammdaten, während im unteren Teil die Kalendertage des Monats abgebildet sind. An den Tagen, an denen eine Stundenanzahl in den Kalender vorgetragen ist, mußte der Mitarbeiter zur Arbeit erscheinen. Demzufolge war der erste Arbeitstag für den Mitarbeiter der dritte Tag des Monats.

---

[51] Frühschicht von 6:00 bis 13:30, Spätschicht 13.30 bis 21:00, Nachtschicht 21:00 bis 6:00.

[52] Anmerkung: Im Gegensatz zu den gewerblichen Mitarbeitern der Fertigung verfügen die Angestellten über ein Gleitzeit-konto, so daß die Über- und Unterdeckungszeiten automatisch erfaßt und gutgeschrieben werden können. Andererseits ist das Gleitzeitmodell auf die gewerblichen Mitarbeiter in der Fertigung nicht übertragbar, da in drei Schichten gearbeitet wird und demzufolge keine freie Zeiteinteilung der Mitarbeiter ohne Abstimmung mit der Werkstattleitung möglich ist.

[53] Hier: Monat August/97.

Abbildung 21: Anwesenheitsliste vor und nach Einführung von PZE

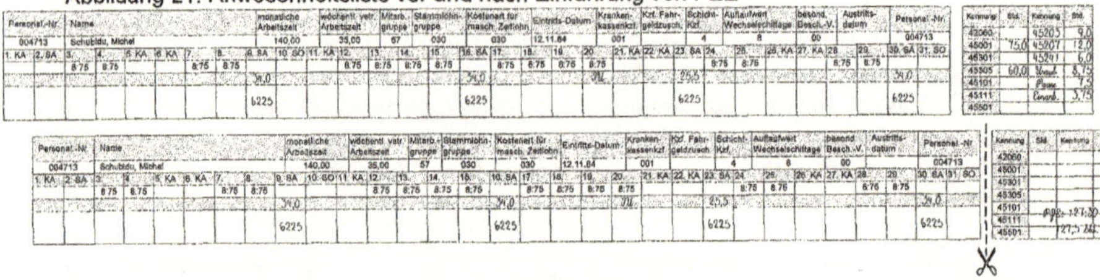

Die Aufgabe der Werkstattschreibkräfte bestand vor Einführung von PZE darin, die kumulierten An- und Abwesenheitszeiten manuell zu berechnen. Hierzu wurde die Anwesenheitsliste der Mitarbeiter - soweit erforderlich - um die angefallenen Abwesenheitszeiten ergänzt. Die für die Entgeltabrechnung benötigten Zeiten wurden in dem rechten Abschnitt der Anwesenheitsliste eingetragen[54]. Für das dargestellte Beispiel war folgende Berechnung durchzuführen:

Kennung	Beschreibung	Berechnung:
	Anwesend	15 AT × 8,5 Std. = 127,5 Std.
43043	Urlaub	1 TU × 8,75 Std. = 8,75 Std.
10312	bezahlte Pausen	15 AT × 0,5 Std. = 7,5 Std.
45001	Spätarbeit (25% vom Ecklohn)	15 AT × 5,0 Std. = 75,0 Std.
45305	Nachtarbeit 0-4 Uhr (70% vom Ecklohn)	15 AT × 4,0 Std. = 60,0 Std.
45203	Sonntagsarbeit 21-24 Uhr (70% vom Ecklohn)	3 SO × 3,0 Std. = 9,0 Std.
45207	Sonntagsarbeit 0-4 Uhr (70% vom Ecklohn)	3 SO × 4,0 Std. = 12,0 Std.
45241	So.-Arbeit nach 4 Uhr des Folgetages (70%)	3 SO × 2,0 Std. = 6,0 Std.

AT=Arbeitstage, SO=Sonntage, TU=Tariflicher Urlaub

Die Berechnung konnte erst am Monatsende durchgeführt werden, so daß sich die Arbeit wenige Tage vor dem Abrechnungsstichtag konzentrierte[55]. Damals wurden die einzelnen Personalzeiten über eine Erfassungsmaske in LDE zur Entgeltabrechnung weitergeleitet.

Inzwischen hat die Berechnung der An- und Abwesenheitszeiten sowie der Zuschlagszeiten das Personalzeiterfassungssystem übernommen. Darüber hinaus werden die täglichen Anwesenheiten nicht mehr per Unterschriftsliste erfaßt, sondern mit Hilfe von PZE-Terminals. Anhand der täglichen Zeitbuchungen berechnet PZE im Rahmen der Kontenauskunft die benötigten Daten für die Entgeltabrechnung. Dabei wird die Kontenauskunft stets »auf dem laufenden« gehalten, so daß die Auswertung weit vor dem Abrechnungsstichtag zur Verfügung steht. Der Zusammenhang zwischen Anwesenheitsliste, täglichen Zeitbuchungen und der PZE-Kontenauskunft ist in Abbildung 22 dargestellt. Durch die automatische Auswertungsfunktion ist gleichzeitig die manuelle Berechnung weggefallen, so daß der rechte Abschnitt der Anwesenheitsliste funktionslos ist[56].

Urlaubs- und Krankheitstage werden von den Werkstattschreibkräften in der Regel zuerst in der Anwesenheitsliste eingetragen und anschließend in PZE gebucht. Zusätzlich werden die Urlaubstage auf 'Urlaubskarten' und die Krankheitstage auf 'Personalkarten' festgehalten. Während das Festhalten der Urlaubstage unmittelbar mit der PZE-Buchung erfolgt, werden die Krankheitstage einmal im Monat auf den Personalkarten erfaßt.

---

[54] Anmerkung: Alle in der Schriftart 'Script' dargestellten Eintragungen in der Anwesenheitsliste wurden von den Werkstattschreibkräften »von Hand« durchgeführt.

[55] Ultimo + 5 Tage.

[56] Vgl. Schere in der Abb. 21 unten.

46

Neben Urlaubs- und Freizeitausgleichszeiten werden in der Regel die sonstigen Fehlzeiten in der Anwesenheitsliste erfaßt. Zu den sonstigen Fehlzeiten zählen u.a. der Gang zum Arzt, Betriebsversammlungen, Wehrübungen, Mutterschutzurlaub und Ausbildungszeiten.

Abbildung 22: Anwesenheitsliste, Kontenauskunft und tägliche Zeitbuchungen

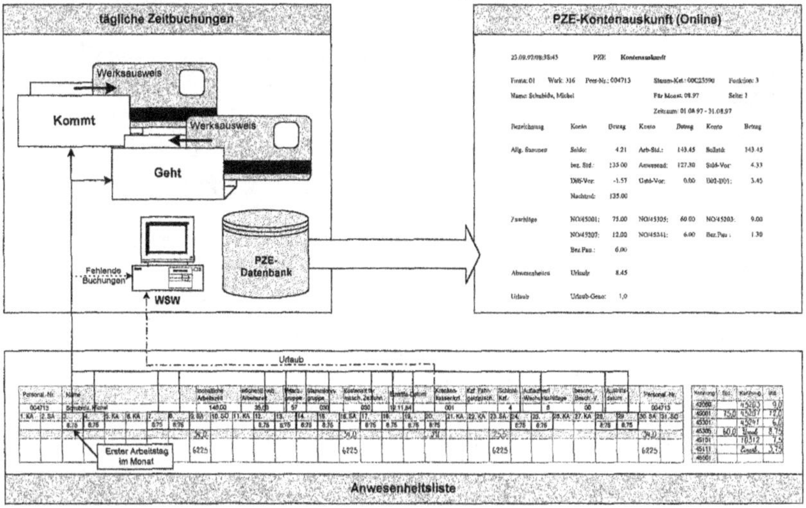

6.10 Schnittstelle zum Entgeltabrechnungssystem

Das Entgeltabrechnungssystem IVIP ist mit der Personalzeiterfassung DV-technisch verbunden. Daher ist die Personalzeiterfassung ein vorgelagertes System der Entgeltabrechnung.

In PZE erfolgt die Erfassung und Verarbeitung der An- und Abwesenheitszeiten sowie die Aufbereitung sämtlicher zeitbezogener Lohndaten. Über die Entgeltabrechnung werden die Mitarbeiterstammdaten erfaßt und gepflegt und die Brutto- und Nettoabrechnung durchgeführt. Die Entgeltabrechnung nimmt die erfaßten Zeiten und Kennungen aus PZE entgegen und bewertet sie mit DM-Beträgen.

Dieser Zusammenhang ist in Abbildung 23 dargestellt. Um nachvollziehen zu können, welche Daten im einzelnen übergeben werden ist in der Abbildung die PZE Kontenauskunft und die Bruttoverdienstübersicht eines Mitarbeiters[57] für den Abrechnungsmonat August dargestellt. In die Bruttoverdienstübersicht gehen die Pausen-, Urlaubs- und Einarbeitungsstunden sowie die zu bezahlenden Stunden aus PZE ein. Die in PZE ermittelten Zuschlagszeiten finden sich in der Nettoverdienstübersicht, da Zuschläge für Sonntags-, Feiertags- und Nachtarbeit von der Steuer befreit sind[58]. Darüber hinaus sei angemerkt, daß die Entgeltabrechnung im Gegensatz zu PZE ganze Stunden verarbeitet; 7:30 Std./Min. in PZE entsprechen 7:50 Std. unter IVIP.

---

[57] Richtlöhner.
[58] Vgl. Gesetz zur Einkommenssteuer vom 7.1.90 (EStG), BGBl I S. 1899, §3b Abs. 1,2, 3.

Abbildung 23: Übergabe der PZE-Daten an die Entgeltabrechnung

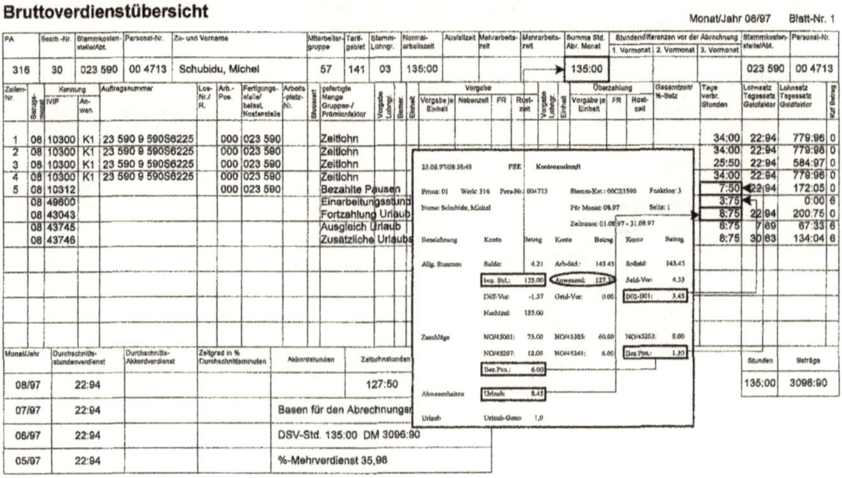

Bruttoverdienstübersicht Monat/Jahr 06/97 Blatt-Nr. 1

6.11 Hardware

Die Software der Personalzeiterfassung steuert den Dialog zwischen den angeschlossenen Terminals (Controller) und dem PZE-Server (Host-Rechner). PZE sorgt für die Datenübertragung und stellt die Echtzeit-Übertragung sicher. Hierzu zählen Aufgaben, die im Zusammenhang mit der Datensammlung, dem Datentransport sowie der Datenvorverarbeitung stehen und die Software der PZE-Terminals ergänzen. Die Erfassungshardware zur Personalzeiterfassung stammt von Siemens AUT. Vorwiegend werden Hardware-Einrichtungen der *ES2*-Familie eingesetzt[59]:

- *Terminal-Server*
- *Terminal-Controller EC270*
- *PZE-Terminals ES210, ES220, ES222, ES235*
- *Steckleitungen und Anschlußkabel*

Der Terminal-Server wird bei Einsatz von Sinix-Betriebssystemen benötigt. Damit kann ein direkter Anschluß der PZE-Terminals an eine beliebige LAN-Schnittstelle erfolgen, so daß das bestehende LAN-Netz genutzt werden kann.

Der Controller ist ein Datenvorverarbeiter und Datensammler. Mit Hilfe der übertragenen Mitarbeiterstammdatensätze werden anhand der Ausweisinformationen die Berechtigungen überprüft. Aktuelle, vom Anwender frei wählbare Auskünfte werden direkt am Ausweisleser angezeigt. Die am Ausweisleser durchgeführten Buchungen werden vom Controller überprüft und dann direkt an PZE weitergeleitet. Steht der Server nicht online zur Verfügung, so kann der Controller ´EC270´ abhängig von seinem Speicherbaustein bei *4.000* auf dem Controller geladenen Mitarbeiterstammdatensätzen rund *20.000* Buchungen speichern[60].

---

[59] Vgl. Siemens AG, Die Zeit im Griff - Kombinationstechnik KT22, Fürth, 1996 S. 1 ff.

[60] Vgl. Baan Deutschland, Personalzeiterfassung, Zutrittskontrolle, Betriebsdatenerfassung, Hannover, 1997, S. 9.

7 Lohndatenerfassung

7.1 Allgemeines

Die Bewegungsdaten der Entgeltabrechnung setzen sich aus den Daten der Personalzeit- und Lohndatenerfassung zusammen. Aus diesem Grund ist neben der Personalzeiterfassung eine Lohndatenerfassung erforderlich. Dabei kann sich der Umfang der Lohndatenerfassung um die Leistungsdatenerfassung erweitern, sofern Lohndaten für Leistungslöhner erfaßt werden[61].

Die Lohndatenerfassung dient zur Erfüllung von Aufgaben, die im Zusammenhang mit dem Rechnungswesen stehen. Vorrangig sind hierbei die Anforderungen der Kostenrechnung nach einer kostenarten-, kostenstellen- und kostenträgergerechten Verbuchung von Löhnen zu erfüllen. Während die Lohndatenerfassung für alle Lohnempfänger wirksam wird, bezieht sich die Leistungsdatenerfassung auf die Leistungslöhner (Prämien- und Akkordlöhner). Sofern Zeitlöhner in einer Kostenstelle mit einer gleichbleibenden Kostenart beschäftigt werden, können sie im Rahmen der Lohndatenerfassung *'fest verrechnet'* werden, so daß keine Belegerfassung erforderlich ist[62].

Hinsichtlich der Leistungsdatenerfassung und -verarbeitung ist am Standort Bocholt zwischen zwei Fällen zu unterscheiden. Die Leistungsdaten im Akkord werden am Standort durch LDE erfaßt und über die Entgeltabrechnung verarbeitet. Im Gegensatz hierzu werden die Leistungsdaten bei der Prämienentlohnung in Prämienprogrammen erfaßt und verarbeitet. Das Ergebnis der Prämienberechnung wird der Entgeltabrechnung lediglich über LDE mitgeteilt. Dieser Zusammenhang ist in Tabelle 4 dargestellt.

Tabelle 4: Funktionen der Lohn- und Leistungsdatenerfassung am Standort Bocholt

	Lohndatenerfassung	Leistungsdaten-erfassung	Leistungsdaten-verarbeitung
Zeitlohn	LDE		
Akkordlohn	LDE	LDE, Belege	IVIP
Prämienlohn	LDE	Prämienlohnprogramm	Prämienlohnprogramm

7.2 Beziehung zwischen Personalzeit- und Lohndatenerfassung

Die Lohn- und Leistungsdatenerfassung wird von der Personalzeiterfassung beeinflußt. Da jedes Erfassungssystem unabhängig voneinander eine betriebliche Anwesenheitszeit der Mitarbeiter ermittelt, treten Differenzzeiten auf. Dabei ist zu berücksichtigen, daß die Bewegungsdaten der Entgeltabrechnung ausschließlich aus der Personalzeit- und Lohndatenerfassung stammen. Daher muß das Abgleichproblem in der Praxis zwischen PZE und LDE gelöst werden.

Die Ist- und Sollarbeitszeit der Mitarbeiter wird am Standort Bocholt durch das Personalzeiterfassungssystem verwaltet. Anhand der vertraglichen Arbeitszeit nach dem Zeitmodell werden unbezahlte und bezahlte Abwesenheitszeiten der Mitarbeiter durch PZE verwaltet. Um diese Aufgabe zu bewerkstelligen ist PZE mit dem Lohnabrechnungssystem IVIP gekoppelt, wobei der Datenaustausch in beide Richtungen erfolgt. IVIP versorgt PZE mit Mitarbeiterstammsätzen, die dort zentral

---

[61] Anmerkung: Im Rahmen dieser Studie wird nicht explizit zwischen Lohn- und Leistungsdatenerfassung unterschieden. Dies liegt daran, daß der Übergang von der Lohn- zur Leistungsdatenerfassung »fließend« ist. Aus diesem Grund wird die Leistungsdatenerfassung unter der Lohndatenerfassung subsumiert.

[62] Damit entspricht das Verfahren dem der Gehaltsempfänger.

verwaltet werden. Die Mitarbeiterstammsätze werden in PZE um die Zeitmodelle ergänzt. Mit Hilfe von Durchzugslesern werden die Istzeiten erfaßt, wobei ein Teil der Eintragungen manuell am Bildschirm erfolgt. Gleichzeitig bewertet PZE die Arbeitszeiten und meldet sie am Monatsende per Datenübertragung an das zentrale Entgeltabrechnungssystem IVIP. Der Aufgabenbereich von PZE endet mit der Ermittlung der betrieblichen Anwesenheitszeit der Mitarbeiter (vgl. Abbildung 24 links).

»Nahtlos« knüpft die Lohndatenerfassung an die betriebliche Anwesenheitszeiterfassung der Mitarbeiter an (vgl. Abbildung 24 rechts). Die Aufgabe der Lohndatenerfassung ist es, die betriebliche Anwesenheitszeit nach Tätigkeiten zu differenzieren und zu bewerten. Die Notwendigkeit zur Differenzierung der Arbeitszeiten ergibt sich aus den Anforderungen des Rechnungswesens, da abhängig von der Lohnform Kostenstellen-, Kostenträger- und Kostenartenabweichungen erfaßt werden müssen[63]. Darüber hinaus können über die Lohndatenerfassung Leistungsdaten erfaßt werden, die Einfluß auf die Entgelthöhe der Mitarbeiter haben.

Den Lohntätigkeiten liegen am Standort manuell erstellte Lohnbelege zu Grunde, die im Rahmen der Lohndatenerfassung verarbeitet werden. Hierzu stehen am Standort verschiedene Zeit-, Akkord- und Prämienlohnbelege zur Verfügung. Im Gegensatz zu PZE berechnet LDE eine betriebliche Anwesenheitszeit aus der Summe der angefallenen Lohnbelege. Sofern Zeitabweichungen zwischen PZE und LDE auftreten, führt dies bei der Entgeltabrechnung zu Fehlern. Aus diesem Grund müssen die betrieblichen Anwesenheitszeiten aus LDE denjenigen aus PZE angeglichen werden.

Abbildung 24: Aufgaben der Personalzeit- und Lohndatenerfassung

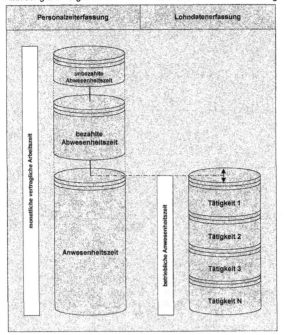

---

[63] Anmerkung: Die Notwendigkeit zur differenzierten Anwesenheitserfassung ist unabhängig von der Lohnform. Die Lohnform kann jedoch Einfluß auf den Erfassungsaufwand haben.

7.3 Historischer Hintergrund zur Entwicklung von LDE

Die Entwicklung eines eigenständigen Lohndatenerfassungsprogramm für den Standort Bocholt mit dem Namen *'LDE'* geht auf eine Umstellung des Betriebssystems zurück. In den Werkstätten stand vor der Einführung von LDE das Großrechner-Betriebssystem *'BS2000'* zur Verfügung, wobei die Bewegungsdaten der Entgeltabrechnung direkt in das Lohnabrechnungssystem IVIP eingegeben werden konnten.

Da das Betriebssystem *'BS2000'* durch das Betriebssystem *'Sinix'*[64] ersetzt wurde, mußte ein neues Programm zur Erfassung von Lohnbelegen geschaffen werden. Das entwickelte Programm, sah gleichzeitig eine Schnittstelle zum zentralen Lohnabrechnungssystem IVIP vor. Mit der Einführung von LDE konnten darüber hinaus die Eingabemasken verbessert und Plausibilitätsprüfungen eingerichtet werden.

Für den Standort Bocholt wurden zwei Lohndatenerfassungsprogramme entwickelt. Zum einen die Ursprungsversion LDE und zum anderen die Folgeversion mit dem Namen *'LDE-NEU'*. Die neuere Version der Lohndatenerfassung sieht neben den Erfassungsmöglichkeiten für die Lohnbelege umfangreiche Funktionen zur Verwaltung von Personalzeiten vor.

7.4 Akkordlohnbelege

Bei Akkordarbeiten werden den Akkordlöhnern nicht die effektiv abgeleisteten Arbeitszeiten, sondern die den bearbeiteten Stückzahlen entsprechenden Vorgabezeiten entlohnt[65]. Die Erfassung der Stückzahlen und Vorgabezeiten erfolgt mit Hilfe von Akkordlohnbelegen.

In Abbildung 25 ist ein Akkordlohnbeleg dargestellt, wie er in den Fertigungsbereichen am Standort Bocholt eingesetzt wird. Die Akkordlohnbelege werden den Mitarbeitern durch das Werkstattschreibwesen zur Verfügung gestellt. Alternativ können die Akkordlohnbelege von den Einrichtern als Formatvorlage auf PC's vorgehalten werden. Die Form der PC-Belege entspricht jedoch dem der Abbildung.

Abbildung 25: Vordruck für einen Akkordlohnbeleg

KA	KM	PA	Pers.-Nr.	Fert.-St.
1		316		2 3
1	2	5 6	7 11	29 33

Name: ____________________ LW: ________

BS	PG	J	AA
2 3		0	2
13			16

									Bei Überbezahlungen									
3 4	10 26	34 36	44 46	48	47 50	51	52 54	55 61	62 65	66 69	70 71	72	73 76	77	78 80			
BA	Auftragsnummer	Arb.-Pos.	LG	E	Min./Einh.	F R	Rüst-min.	Stück	Stunden	Lohnsatz	LG	E	Min./Einh.	F R	Rüst-min.	bestätigt	lft. Nr.	Ges. Min.
																	1	
																	2	
																	3	
																	4	
																	5	
																	6	
																	7	

[64] Unix Betriebssystem der Siemens-Nixdorf AG.
[65] Vgl. Kilger, W., s.a.O., S. 99.

7.4.1 Aufbau

Der Akkordlohnbeleg besteht aus einem Kopfteil und einem variablen Teil. Zu den Kopfdaten zählen die Felder für den Namen des abzurechnenden Mitarbeiters, die Lohnwoche und den Kalendermonat, die Personalnummer, die Fertigungskostenstelle und die Produktgruppe. Bereits vorgedruckt sind die Eintragungen für das Kalenderjahr, die Betriebsstelle[66], die Personalabteilung und die Auftragsart[67].

Der variable Teil besteht aus den Feldern Belegart, Auftragsnummer, Arbeitsposition, Lohngruppe, Einheit, Minuten je Einheit, Faktor-Rüsten, Rüstminuten und Stückzahl. Für *'Überzahlungen'* im Akkord steht ein Teil dieser Felder doppelt zur Verfügung. Zusätzlich sind Felder für einen Lohnsatz (DM-Betrag) und einen Zeitbedarf (Stunden) vorgesehen.

Darüber hinaus steht den Mitarbeitern ein persönlicher Abschnitt zur Verfügung. Dieser Teil wird gewöhnlich nach der Ausstellung vom Lohnbeleg abgetrennt. In Tabelle 5 sind die Felder des Akkordlohnbeleges mit der Stellenzahl, der Kurzbezeichnung und der Bedeutung dargestellt.

Tabelle 5: Felder: Akkordlohnbeleg

Felder	Stellenanzahl	Kurzbez.	Bedeutung
Kopfteil			
Name	beliebig		
Lohnwoche	beliebig		
Kalenderjahr	einstellig	KA	1
Kalendermonat	einstellig	KM	
Personalabteilung	dreistellig	PA	316
Fertigungsstelle	dreistellig	Fer.-St.	Kostenstelle
Personalnummer	vierstellig	Pers.-Nr.	
Betriebsstelle	zweistellig	BS	23
Produktgruppe	zweistellig	PG	
Auftragsart	zweistellig	J AA	externer Auftrag
Variabler Teil			
Belegart	zweistellig	BA	
Auftragsnummer	achtstellig		Baunr./Kostenträger
Arbeitsposition	dreistellig	Arb.-Pos.	
Lohngruppe	zweistellig	Lohng.	Arbeitswert
Einheit	einstellig	E	3=100 / 4=1000
Minuten je Einheit	vierstellig	Min./Einh.	Vorgabezeit (te)
Faktor-Rüsten	einstellig	FR	Anzahl Rüstungen
Rüstminuten	dreistellig	Rüstmin.	Rüstzeit (tr)
Stück	vierstellig		Mengenleistung
Bestätigung	beliebig	bestätigt	Unterschrift
Überbezahlungen			
Stunden	vierstellig		Zeitbedarf
Lohnsatz	vierstellig		DM-Betrag
Lohngruppe	zweistellig	Lohng.	Arbeitswert
Minuten je Einheit	vierstellig	Min./Einh.	Vorgabezeit (te)
Einheit	einstellig	E	3=100 / 4=1000
Minuten je Einheit	vierstellig	Min./Einh.	
Faktor-Rüsten	einstellig	FR	Anzahl Rüstungen
Rüstminuten	dreistellig	Rüstmin.	Rüstzeit (tr)

7.4.2 Ablaufbeschreibung zur Erfassung auf Werkstattebene

Die Erfassung von Akkordlöhnen beginnt im Vorfeld dadurch, daß der Werkstattsteuerer, den Arbeitssystemen Aufträge zuweist. Hierzu übergibt der Werkstattsteuerer den Einrichtern eine Auftragsvorratsliste, die von den Mitarbeitern abzuarbeiten ist. Der Werkstattsteuerer bezieht die Aufträge von der zentralen Auftragssteuerung.

---

[66] Betriebsstellenkenziffer für den Standort Bocholt: 23.
[67] Festlegung durch das Rechnungswesen: 02 für einen extrenen Auftrag.

52

Die Auftragsvorratsliste enthält Auftrags-, Bau- und Sachnummern, sowie die zu produzierenden Mengen. Die Auftragsvorratsliste wird von den Mitarbeitern nach Prioritäten abgearbeitet, die sich an den Bedürfnissen der 'Empfangsstellen' orientieren. Da sich in der Regel nach jedem Arbeitsgang der 'Lieferstelle' ein Arbeitsgang der 'Empfangsstelle' anschließt, werden die Aufträge nach Absprache ausgeführt. Zur Werkstattsteuerung sind die Werkstätten in mehrere 'Liefer-, Fertigungs- und Empfangsstellen' (LFE-Stellen) unterteilt, wobei jede 'Lieferstelle' gleichzeitig 'Empfangsstelle' sein kann.

Liegt der Auftrag mit der zugehörigen produktbezogenen Bau- und Sachnummer fest, ist ein zugehöriges Fertigungsdatenblatt erforderlich. Das aktuelle Fertigungsdatenblatt (FDB) wird vom Auftragssteuerer oder Einrichter aus der Produktdatenbank (PDM) ausgedruckt.

Die Fertigungsdatenblätter bestehen aus einem Kopfteil und den Arbeitsgangdaten. Zu den Kopfdaten zählen die Baunummer, die Sachnummer, die Produktgruppe, der HF-Bereich (LFE-Stelle) und einige weitere Statusfelder. Jeder Arbeitsgang besteht aus einer Arbeitsbeschreibung, einer Positionsangabe (Reihenfolge der Arbeitsgänge), einer Arbeitsplatznummer (Art des Arbeitsplatzes), der Lohngruppe (Arbeitswert der Tätigkeit) und einer Vorgabezeit mit entsprechender Einheitsangabe. In der Abbildung 26 ist ein Fertigungsdatenblatt dargestellt.

Nach Schichtende oder Tätigkeitswechsel füllt der Mitarbeiter oder der Einrichter den Akkordlohnbeleg aus. Ob der Mitarbeiter oder der Einrichter den Lohnbeleg ausfüllt, hängt vom Kenntnisstand des Mitarbeiters ab.

Das Ausfüllen des Lohnbeleges beginnt damit, daß der Nachname des Mitarbeiters und die Lohnwoche in den Lohnbeleg eingetragen wird. Dabei richtet sich die Lohnwoche nach dem Geschäftsjahr, daß jeweils am 30. September endet. Als Kopfdaten werden der Kalendermonat als Zahl, die Personalnummer und die Kostenstelle in der der Mitarbeiter gearbeitet hat, erfaßt.

Abbildung 26: Beziehung zwischen Akkordlohnbeleg und Fertigungsdatenblatt

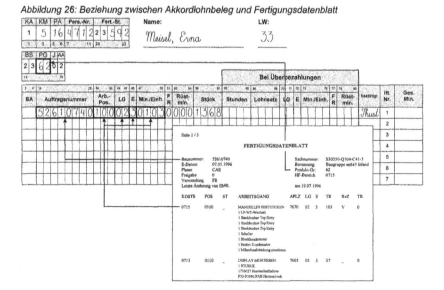

Da die Akkordlöhne in der Kostenrechnung als Einzelkosten eingehen[68], ist auf den Belegen stets die Produktgruppe und Baunummer anzugeben. Die Produktgruppe und Baunummer können dem zugehörigen Fertigungsdatenblatt entnommen werden. Die Baunummer wird in das Auftragsfeld eingetragen. Entsprechend des Arbeitsganges im Fertigungsdatenblatt werden Arbeitsposition, Lohngruppe, Vorgabezeit und Einheit der Vorgabezeit in den Lohnbeleg eingetragen. Wie die Daten aus dem Fertigungsdatenblatt im einzelnen in eine Akkordlohnposition eingehen, ist in Abbildung 26 dargestellt.

Die Felder Rüstminuten und Faktor-Rüsten (Anzahl der Rüstungen) werden in der Regel mit Nullen aufgefüllt, da die Einzelakkord-Arbeitsplätze gerüstet sind. Abschließend wird die erarbeitete Stückzahl in den Lohnbeleg eingetragen.

In dem persönlichen Teil (Kontrollabriß) können Eintragungen durch den Mitarbeiter erfolgen. Es bestehen keine Vorschriften in welcher Art und Weise dieser Teil auszufüllen ist.

Da alle Eintragungen einschließlich der Leistungskennzahl *'Stückzahl'* vorrangig von den Mitarbeitern eingetragen werden, muß der Lohnbeleg kontrolliert werden. Diese Aufgabe übernehmen die Einrichter, die die Akkordlohnbelege prüfen und im Bestätigungsfeld unterzeichnen. Daher sind die Einrichter für das ordnungsgemäße Ausfüllen der Lohnbelege verantwortlich.

7.4.3 Belegarten

Treten bei Akkordarbeiten Ereignisse ein, die Akkordlöhner ohne Verschulden an der Leistungsentfaltung hindern, wird die Tätigkeit *'überzahlt'*. Der Begriff *'Überzahlung'* beschreibt die Auswirkung in der Kostenrechnung, da höhere Kosten im Vergleich zu den im Fertigungsdatenblatt hinterlegten Kosten (Plankosten) anfallen.

Überzahlungen werden im Akkordlohnbeleg durch *'Belegarten'* gekennzeichnet. Belegarten sind zweistellige Zahlen, hinter denen sich Ereignisgründe verbergen, die in Form eines *'Belegartenschlüssels'* in den Werkstätten hinterlegt sind. Über das Vorliegen eines Ereignisgrundes entscheiden die Einrichter, die Meister oder die Fertigungsvorbereitung.

Abbildung 27: Ausgefüllter Akkordlohnbeleg mit drei Positionen

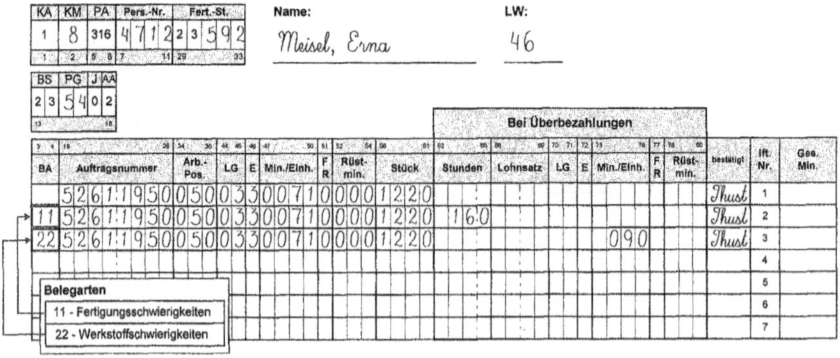

KA	KM	PA	Pers.-Nr.	Fert.-St.
1	8	316	4712	23592

Name: Meisel, Erna

LW: 46

BS	PG	J	AA
23	54	0	2

BA	Aufträgsnummer	Arb.-Pos.	LG	E	Min./Einh.	FR	Rüst-min.	Stück	Bei Überbezahlungen: Stunden	Lohnsatz	LG	E	Min./Einh.	FR	Rüst-min.	bestätigt	lft. Nr.	Ges. Min.
	52611950	050	03	3	0071	0	000	1220								Thust	1	
11	52611950	050	03	3	0071	0	000	1220	160							Thust	2	
22	52611950	050	03	3	0071	0	000	1220					090			Thust	3	
																	4	
																	5	
																	6	
																	7	

Belegarten
11 - Fertigungsschwierigkeiten
22 - Werkstoffschwierigkeiten

[68] Vgl. Hummel, S. und Männel, W., Kostenrechnung 1, Wiesbaden, 4. Aufl., 1993, S. 160.

54

Liegt ein Ereignisgrund vor, so besteht die Möglichkeit den Arbeitsgang mit ´Stunden´ oder mit ´Minuten je Einheit´ zu überzahlen. Bei der Überzahlung mit Minuten je Einheit, wird die Vorgabezeit abweichend vom Fertigungsdatenblatt erhöht. Dem Akkordlöhner wird dadurch eine höhere Vorgabezeit zugestanden, um eine bestimmte Mengenleistung zu erreichen. Läßt sich die Vorgabezeiterhöhung nicht quantifizieren, kann der Arbeitsgang mit der real verbrauchten Zeit überzahlt werden[69]. Für diese Zeit wird der Akkordlöhner aus rechtlichen Gründen mit dem Durchschnittsstundenverdienst (DSV) des Vormonats entlohnt.

In Abbildung 27 sind zwei Akkordlohnpositionen überzahlt worden. In der zweiten Akkordlohnposition wurde ein Arbeitsgang mit Stunden überzahlt, da Fertigungsschwierigkeiten vorlagen. Bei der dritten Akkordlohnposition wurde die Vorgabezeit von 71 Min. je 100 St. auf 90 Min. je 100 St. erhöht. Es wurde aufgrund von Werkstoffschwierigkeiten mit Min. je Einheit überzahlt.

7.4.4 Eingang von Akkordlöhnen in die Entgeltabrechnung

Zum Wochenbeginn, spätestens jedoch zum Monatsende, übergeben die Einrichter die Akkordlohnbelege an das Werkstattschreibwesen. Die Werkstattschreibkräfte kontrollieren die Lohnbelege und geben die auf den Lohnbelegen erfaßten Daten in das Lohndatenerfassungsprogramm ein, wobei die erfaßten Lohndaten in LDE nicht verändert oder ergänzt werden. Die Erfassungsmaske in LDE sieht die Felder vor, die auf dem Akkordlohnbeleg enthalten sind. Zur Abrechnung werden die LDE-Daten an die Entgeltabrechnung übertragen, so daß die Daten dem Entgeltabrechnungssystem zur Verfügung stehen.

In Abbildung 28 ist der Zusammenhang zwischen Akkordlohnbelegen und der Entgeltabrechnung dargestellt. Anhand der Abbildung läßt sich nachvollziehen, welche Daten in die Bruttoverdienstübersicht eingehen. Dabei sind die durch den Akkordlohnbeleg beeinflußbaren Felder in der Bruttoverdienstübersicht grau hinterlegt dargestellt. Bei der Akkordlohnposition ist eine Überzahlung mit Stunden aufgetreten, die mit dem Durchschnittsstundenverdienst des Vormonats bezahlt wird.

Abbildung 28: Zusammenhang zwischen Akkordlohnbeleg und Entgeltabrechnung

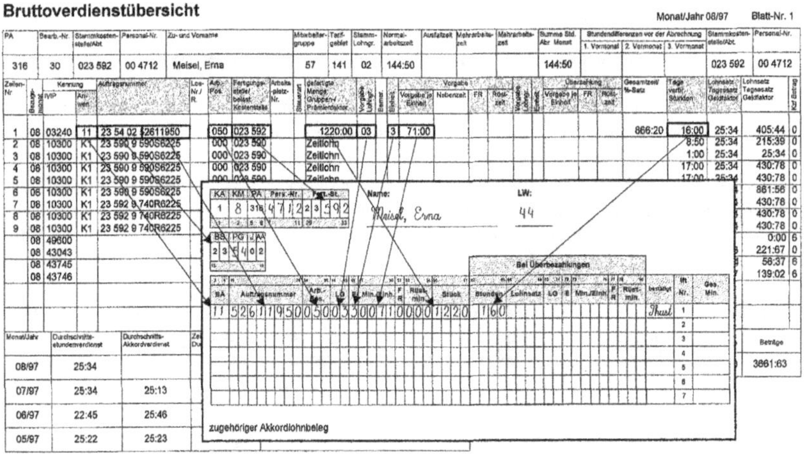

---

[69] Überzahlung mit Stunden.

7.5 Zeitlohnbelege

Arbeiten im Zeitlohn werden den Mitarbeitern mit den effektiv geleisteten Arbeitsstunden vergütet[70]. Die Höhe der Arbeitsstunden wird mit Hilfe von Zeitlohnbelegen erfaßt.

Abbildung 29 zeigt einen Zeitlohnbeleg[71], wie er am Standort Bocholt verwendet wird. Die Zeitlohnbelege stehen als vorgedruckte Formulare zur Verfügung, die wie die Akkordlohnbelege manuell ausgefüllt werden. Je nach Bedarf werden die Formulare kopiert oder aus einem PC ausgedruckt. Als Alternative zur manuellen Erfassung auf den vorgedruckten Formularen ist die DV-Erfassung am PC mit anschließendem Ausdruck üblich.

Abbildung 29: Vordruck für einen Zeitlohnbeleg

KA	KM	PA
1		316
1	2	5 6

LW:

Schicht	lfd. Nr.	Arbeitsgang / Prüf-Fertigung Sach.-Nr./Bau-Nr./Name	Pers.-Nr.	K.-Stelle	Auftragsnummer u/o GK-Art	Stund.	Stück	bestätigt
	1			2 3	2 3			
	2			2 3	2 3			
	3			2 3	2 3			
	4			2 3	2 3			
	5			2 3	2 3			
	6			2 3	2 3			
	7			2 3	2 3			
	8			2 3	2 3			
	9			2 3	2 3			
	10			2 3	2 3			
	11			2 3	2 3			
	12			2 3	2 3			
	13			2 3	2 3			
	14			2 3	2 3			
					Summe			

7.5.1 Anwendungsbereich

Ein Großteil der Fertigungslöhne wird am Standort über Zeitlohnbelege abgerechnet. Dabei ist zu berücksichtigen, daß für Akkord- und Prämienlöhner ebenfalls Zeitlohnbelege anfallen können.

Zeitlohnbelege werden am Standort unabhängig von der Lohnform der Mitarbeiter ausgestellt. Sofern Zeitlohnbelege für Akkord- und Prämienlöhner anfallen, verhalten sich die Löhne entsprechend den rechtlichen Bestimmungen zur Beschäftigung nach einem anderen Entlohnungsgrundsatz. Sowohl die Akkordlöhner als auch die Prämienlöhner müssen nach diesen Bestimmungen für Zeitlohntätigkeiten mit dem Durchschnittsstundenverdienst des Vormonats bezahlt werden. Auf Ausführungen zu diesem Thema sei auf das Kapitel 9 *´Probleme der Leistungsentlohnung´* verwiesen.

Tätigkeiten im Zeitlohn liegen in der Regel Fertigungsaufträgen zu Grunde. Im Gegensatz zu den Akkordtätigkeiten sind die auszuführenden Arbeitsgänge im Zeitlohn nicht in den Fertigungsdatenblättern hinterlegt. In diesem Zusammenhang ist zwischen zwei Phänomenen zu unterscheiden.

---

[70] Vgl. Kilger, W., a.a.O., S. 97.

[71] Anmerkung: Die Zeitlohnbelege werden am Standort Bocholt als Gemeinkostenlohnbelege bezeichnet. Diese Bezeichnung ist jedoch ungünstig, da nicht auf die Entlohnungsform, sondern auf die Zurechnung in der Kostenrechnung abgestellt wird. Aus diesem Grund wird der Gemeinkostenlohnbeleg im Rahmen dieser Studie als Zeitlohnbeleg bezeichnet.

Zum einen gibt es seit jeher Tätigkeiten, die im Zeitlohn vergütet werden. Hierzu zählen Löhne die *»mittelbar«* der Fertigung dienen und deshalb als *'Hilfslöhne*[72] bezeichnet werden. Zu den Hilfslöhnen zählen Transport- und Lagerarbeiten, deren zeitliche Höhe sich nicht exakt im voraus bestimmen läßt.

Zum anderen wird der Anteil an Zeitlohntätigkeiten durch die fortschreitende Automatisierung erhöht. Die Arbeitsgänge werden zunehmend unabhängig von menschlichen Eingriffen, so daß sich hohe Anteile von unbeeinflußbaren Zeiten ergeben, die sich ebenfalls nicht über Vorgabezeiten abbilden lassen. Zeitlöhne fallen am Standort für folgende Tätigkeiten an:

• *Reinigung,*	• *Fehlersuche,*	• *Prüfen,*
• *Einrichtervertretung,*	• *Module tauschen,*	• *Maschinenbedienung,*
• *Transportarbeiten,*	• *Optische Kontrolle,*	• *Megamatbedienung,*
• *Lagerarbeiten,*	• *Reparatur,*	• *Wartezeiten.*

Ein Teil der aufgeführten Tätigkeiten kann sowohl im Prämien- als auch im Zeitlohn vergeben werden. Der Prämienlohn wird dann angewandt, wenn es sich im Einzelfall um einem Prämienlöhner[73] der zugehörigen Prämiengruppe handelt.

7.5.2 Aufbau

Der Zeitlohnbeleg besteht aus einem Kopfteil und einem variablen Teil. Zu den Feldern der Kopfdaten zählen die Lohnwoche, das Kalenderjahr, die Personalabteilung und die Lohnwoche. Bereits vorausgefüllt sind die Felder Kalenderjahr und Personalabteilung, so daß lediglich die Lohnwoche und der zugehörige Monat handschriftlich eingetragen werden müssen.

Der variable Teil besteht aus den Feldern Schicht, Arbeitsgang, Personalnummer, Stammkostenstelle des Mitarbeiters, Auftragsnummer und/oder Gemeinkostenart, Stundenbedarf, Stückzahl und Unterschrift. In Tabelle 6 sind die Felder des Zeitlohnbeleges mit der Stellenanzahl, der Kurzbezeichnung und der Bedeutung dargestellt.

Tabelle 6: Felder: Zeitlohnbeleg

Felder	Stellenanzahl	Kurzbez.	Bedeutung
Kopfteil			
Lohnwoche	beliebig	LW	
Kalenderjahr	einstellig	KA	
Kalendermonat	einstellig	KM	
Personalabteilung	zweistellig	PA	316
Variabler Teil			
Schicht	einstellig		1, 2 oder 3
Arbeitsgang	beliebig		
Personalnummer	vierstellig	Pers.-Nr.	
Kostenstelle	fünfstellig	K.-Stelle	Stammkostenstelle
Auftragsnummer	vierzehnstel.	Auftragsnr.	Kontierung
- Betriebsstelle	zweistellig		
- Kostenstelle	dreistellig		
- Auftragsart	einstellig		
- interne Diff.	vierstellig		
- Aufwandsart	vierstellig		
Stundenbedarf	vierstellig	Stund.	Zeitbedarf
Stück	sechsstellig		Mengenleistung
Unterschrift	beliebig	Bestätigt	

---

[72] Vgl. Kilger, W., a.a.O., S. 157.
[73] Mitarbeitergruppe = 58.

Zeitlöhne werden stets mit einem festen Lohnsatz abgerechnet. Entweder wird der Mitarbeiter mit Durchschnittsstundenverdienst des Vormonats (Akkord- und Prämienlöhner) oder mit dem vertraglich fixierten Stundenlohn bezahlt (Zeitlöhner). Daher steht den Mitarbeitern bei den Zeitlohnbelegen kein persönlicher Kontrollabriß zur Verfügung.

7.5.3 Ablaufbeschreibung

Ein ausgefüllter Zeitlohnbeleg mit drei Positionen ist in Abbildung 30 dargestellt. Ergänzend ist der Aufbau für einen Kostenstellenauftrag in der Abbildung eingeblendet. Der Kontierungsaufbau wird vom Rechnungswesen am Standort vorgegeben und ist für die Zeitlohnbelege von praktischer Bedeutung.

Im Gegensatz zu den Akkord- und Prämienlohnbelegen werden auf den Zeitlohnbelegen keine Soll- und Ist-Leistungsdaten erfaßt. Hierdurch reduziert sich der Erfassungsaufwand, da keine Daten aus den Fertigungsdatenblättern auf den Lohnbeleg übertragen werden müssen.

Das Ausfüllen des Zeitlohnbeleges beginnt damit, daß die Kopfdaten eingetragen werden. Zu den Kopfdaten zählen die Lohnwoche und der Kalendermonat. Der variable Teil des Zeitlohnbeleges beginnt mit dem Feld 'Schicht', daß jedoch in der Praxis selten ausgefüllt wird. Wird es dennoch ausgefüllt, wird eine '1' für die Frühschicht, eine '2' für die Spätschicht und eine '3' für die Nachtschicht eingetragen. In dem folgenden Feld wird der Arbeitsgang oder der Name des abzurechnenden Mitarbeiters erfaßt. Das Feld dient internen Zwecken, da es keine praktische Relevanz für die Entgeltabrechnung hat.

Abrechnungstechnisch relevant ist die Personalnummer des Mitarbeiters, da die geleisteten Stunden in der Entgeltabrechnung über die Personalnummer zugeordnet werden. Es folgt der Eintrag der Stammkostenstelle, obwohl sie dem Entgeltabrechnungssystem bekannt ist.

Abbildung 30: Ausgefüllter Zeitlohnbeleg mit drei Positionen

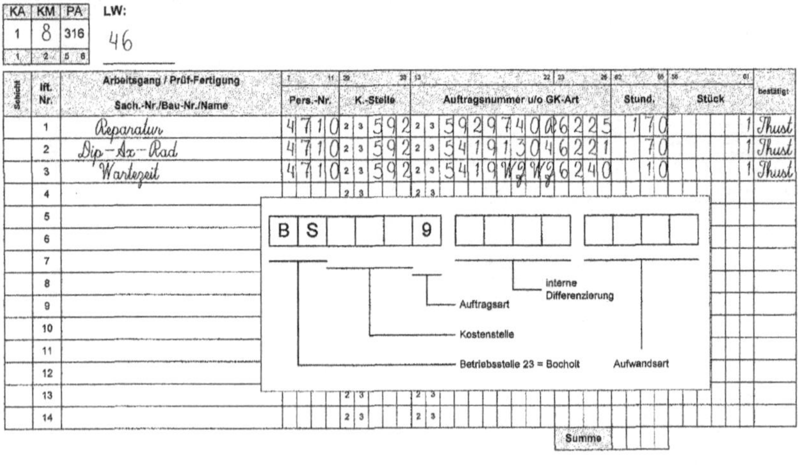

Am Standort Bocholt werden die Zeitlöhne im Rahmen der Kostenrechnung den Kostenstellen zugeordnet. Dadurch stellen die Zeitlöhne Gemeinkosten dar, die am Standort über 'Kostenstellenaufträge' abgerechnet werden. Aus diesem Grund ist vorrangig die Kostenstelle zu erfassen in der der Mitarbeiter tätig war.

Die dreistellige Kostenstelle findet sich hinter der Betriebsstellenkennziffer in der Kontierung. Die Kontierung enthält darüber hinaus die Felder 'Aufwandsart' und 'interne Differenzierung'. Am Standort Bocholt ist die Aufwandsart eine vierstellige Zahl, die sich anhand des aktuellen Kontenrahmens ermitteln läßt[74]. In manchen Fällen wird neben der Aufwandsart eine interne Differenzierung erfaßt. Hier sind die unterschiedlichsten Eintragungen möglich, so daß an dieser Stelle auf das Kapitel 10 'Rechnungswesen' verwiesen werden muß.

Im Zeitlohnbeleg ist ein Feld für eine Stückzahl vorgesehen. Dieses Feld hat keine praktische Bedeutung, da über den Kostenstellenauftrag keine Zuordnung zur Bau- oder Sachnummer erfolgen kann. Deshalb entfällt das Ausfüllen dieses Feldes in der Praxis.

Im Rahmen der Entgeltabrechnung werden die auf eine Kontierung geleisteten Stunden eines Mitarbeiters verarbeitet. In diesem Zusammenhang sei angemerkt, daß die auf den Zeitlohnbeleg eingetragenen Stunden den tatsächlich geleisteten Stunden eines Mitarbeiters entsprechen muß. Dies gilt insbesondere dann, wenn die Mitarbeiter im Leistungslohn beschäftigt werden. Die Korrektheit bestätigen die Einrichter durch ihre Unterschrift im Bestätigungsfeld, so daß sie für die Eintragungen auf dem Zeitlohnbeleg verantwortlich sind.

Sofern ein Mitarbeiter im Zeitlohn beschäftigt wird, müssen die auf den Lohnbelegen festgehaltenen Zeiten in Summe der betrieblichen Anwesenheitszeit laut PZE entsprechen. Wenn beide Zeiten nicht gleich groß sind, müssen die Zeitlohnbelege kontrolliert werden, da ansonsten Fehler bei der Entgeltabrechnung auftreten. Die Fehler liegen in der Praxis bei den Lohnbelegen.

Die Abgleichproblematik tritt ebenso bei den Akkord- und Prämienlöhnern auf. In beiden Fällen sind jedoch neben den Zeitlohnbelegen in der Regel Akkord- und Prämienlohnbelege zu berücksichtigen. Die Zeitabgleichproblematik der Prämienlöhner ist mit denen der Zeitlöhner vergleichbar. Bei den Akkordlöhnern sind geringe Zeitabweichung bei den Zeitlohnbelegen zulässig, da sie den Leistungsgrad geringfügig erhöhen oder reduzieren.

7.5.4 Zusätzliche Zeitlohnbelege

Am Standort Bocholt werden zwei weitere Zeitlohnbelege verwendet. Sie werden als 'Zeitlohnbeleg 2 und 3' bezeichnet. In beiden Fällen sind Kontierungsanteile bereits vorgedruckt.

Für den Zeitlohnbeleg 2 ist die Auftragsart '9' für einen Kostenstellenauftrag und die Aufwandsart '6225' für Reparaturarbeiten angegeben. Der Zeitlohnbeleg 3 unterscheidet sich von Zeitlohnbeleg 2 durch den Vordruck der Aufwandsart '6229' für sonstige Hilfslöhne. Daher ist der bereits betrachtete Zeitlohnbeleg in der Lage, die »zusätzlichen« Zeitlohnbelege zu ersetzen.

---

[74] Beispiel: Aufwandsart 6229 für sonst. Hilfslöhne.

7.5.5 Eingang von Zeitlöhnen in die Entgeltabrechnung

Die Zeitlohnbelege werden von den Einrichtern in der Regel am Wochenbeginn an das Werkstattschreibwesen übergeben. Die Werkstattschreibkräfte kontrollieren die Daten auf den Lohnbelegen und geben die auf den Lohnbelegen erfaßten Daten in das Lohndatenerfassungsprogramm ein. Zur Abrechnung werden die LDE-Daten an die Entgeltabrechnung übertragen, so daß die Daten der Entgeltabrechnung zur Verfügung stehen.

Welche Daten der Zeitlohnbelege in die Entgeltabrechnung eingehen, läßt sich anhand der Abbildung 31 nachweisen. Im Unterschied zu den Akkordlohnbelegen werden von den Zeitlohnbelegen wenige Felder der Bruttoverdienstübersicht beeinflußt, die in der Abbildung grau hinterlegt sind. Hierzu zählen die Kontierung, die zu belastende Kostenstelle und der Zeitbedarf. Die Entgelthöhe wird anhand des Zeitbedarfes durch das Entgeltabrechnungssystem bestimmt.

Abbildung 31: Zusammenhang zwischen Zeitlohnbeleg und Entgeltabrechnung

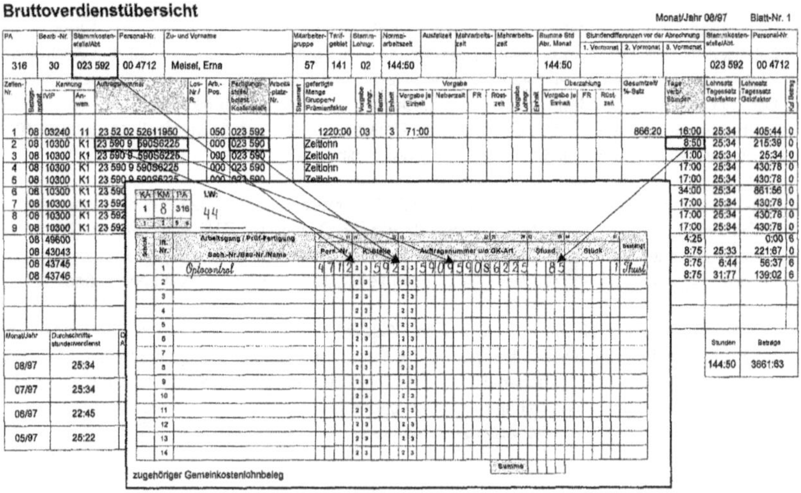

7.5.6 Beziehung zwischen Personalzeit- und Lohndatenerfassung

Die Lohndatenerfassung ist abhängig von der Personalzeiterfassung. Dies liegt daran, daß sowohl die Personalzeiterfassung als auch die Lohndatenerfassung eine betriebliche Anwesenheitszeit der Mitarbeiter ermitteln. Im Gegensatz zu PZE ermittelt LDE die betriebliche Anwesenheitszeit aus der Summe der angefallenen Lohnbelege. In der Praxis kommen beide Systeme zu einem unterschiedlichen Ergebnis, so daß im Rahmen der sich anschließenden Entgeltabrechnung Fehler auftreten, die zu Korrekturmeldungen führen (vgl. Kapitel 4.3 - Abbildung 13).

Aus diesem Grund werden bereits im Vorfeld Maßnahmen getroffen, um einen 'Abgleich'[75] der PZE- und LDE-Anwesenheitszeiten zu erreichen. Dabei wird davon ausgegangen, daß die betriebliche Anwesenheitszeit laut PZE korrekt ermittelt wird[76].

---

[75] Der 'Abgleich' umfaßt Verfahren die erforderlich sind, um die Zeiten nach den Lohnbelegen denjenigen aus der Personalzeiterfassung anzugleichen.

[76] Anmerkung: Voraussetzung sind ordnungsgemäße Buchungen an den PZE-Terminals.

In Abbildung 32 ist ein Beispiel für die Funktionsweise des Zeitabgleichs für einen Richtlöhner dargestellt. Die Werkstattschreibkraft ruft jede Woche die betriebliche Anwesenheitszeit der Mitarbeiter aus der PZE-Kontenauskunft ab und trägt sie in die Anwesenheitsliste ein (vgl. Abbildung 32 Anwesenheitsliste + PZE-Kontenauskunft).

Darüber hinaus teilt die Werkstattschreibkraft dem Einrichter die betriebliche Anwesenheitszeit mit, der daraufhin Lohnbelege in entsprechender Höhe ausstellt. Im dargestellten Fall wurden insgesamt vier Zeitlohnbelege im Monatsverlauf ausgefüllt. Die Lohnbelege werden vom Einrichter wochenweise an das Werkstattschreibwesen übergeben. Sofern die Zeiten auf den ausgestellten Lohnbelegen mit denen in der Anwesenheitsliste übereinstimmen, hakt die WSW-Kraft die Eintragungen in der Anwesenheitsliste ab und erfaßt die Zeitlohnbelege in LDE.

Jeweils monatlich werden die Daten aus dem Lohndatenerfassungsprogramm an die Entgeltabrechnung übertragen, so daß aus den vier Zeitlohnbelegen vier Positionen in der Bruttoverdienstübersicht generiert werden (vgl. Abbildung Bruttoverdienstübersicht).

Abbildung 32: Zeitabgleich zwischen PZE und LDE

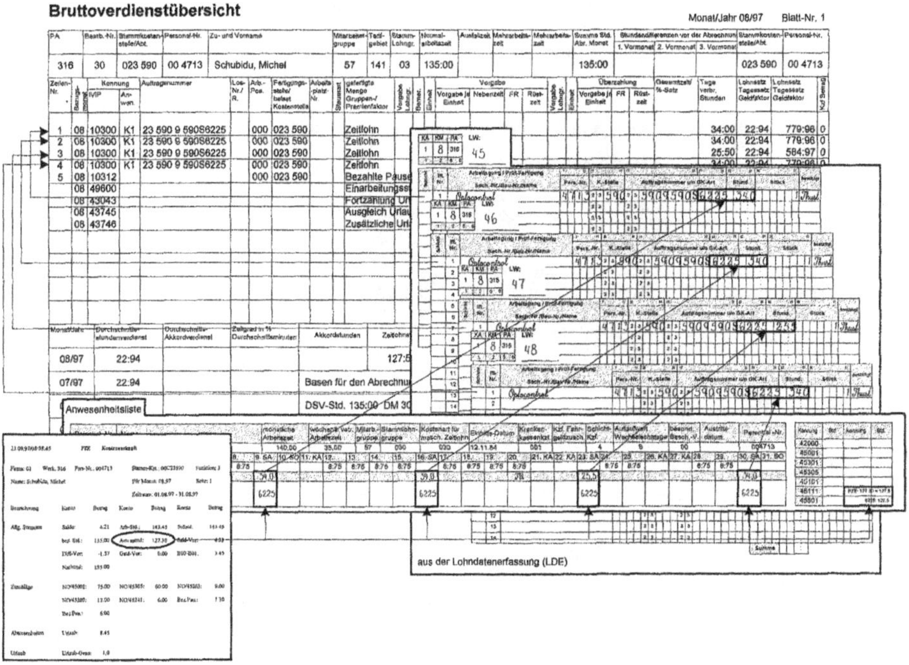

7.6 Lohnbelegerfassung in der Abteilung Kunststoffverarbeitung

Im Unterschied zu den Fertigungsbereichen, werden in der Abt. Kunststoffverarbeitung zwei weitere Lohnbelege verwendet. Diese Lohnbelege werden am Standort als *'auftragsbezogene Lohnbelege'* und *'Wochenlohnbelege'* bezeichnet. Sie sind im oberen Teil der Abbildung 33 dargestellt.

Bei dem auftragsbezogenen Lohnbeleg handelt es sich um einen »modifizierten« Akkordlohn-beleg. Der Vorteil des auftragsbezogenen Lohnbeleges liegt darin, daß mehrere Mitarbeiter auf einem Lohnbeleg abgerechnet werden können. Da für die Akkordentlohnung Stückzahlen ermittelt werden, lassen sich diese Daten gleichzeitig zur Auftragssteuerung nutzen. Anhand der ´aufgerechneten Stückzahlen´ (vgl. Abbildung 33) kann der aktuelle Auftragsfortschritt festgestellt werden.

Die Kopfdaten des auftragsbezogenen Lohnbeleges werden mit Hilfe eines ´Auftrags-FDB´ auf-genommen, der von der Werkstattsteuerung erstellt wird. Dabei handelt es sich um eine Kombi-nation aus Auftragsvorratsliste und Fertigungsdatenblatt. Da der auftragsbezogene Lohnbeleg am Arbeitssystem verbleibt bis der Auftrag abgearbeitet ist, wird für die Mitarbeiter ein Wochenlohn-beleg ausgestellt.

Auf dem Wochenlohnbeleg werden sowohl Akkord- als auch Zeitlohntätigkeiten erfaßt. Hierzu werden für jeden Mitarbeiter die abrechnungstechnisch relevanten Informationen aus dem auf-tragsbezogenen Lohnbeleg übertragen, so daß eine doppelte manuelle Lohndatenerfassung vor-liegt (vgl. Abbildung 33, oberer durchgezogener Pfeil). Zusätzlich werden auf dem Wochen-lohnbeleg die Zeitlohntätigkeiten[77] festgehalten. Hierzu trägt der Einrichter - der sowohl den auf-tragsbezogenen Lohnbeleg, als auch den Wochenlohnbeleg ausfüllt - die Art der Tätigkeit und den Zeitbedarf ein.

Abbildung 33: Lohnbelegerfassung in der Abt. Kunststoffverarbeitung

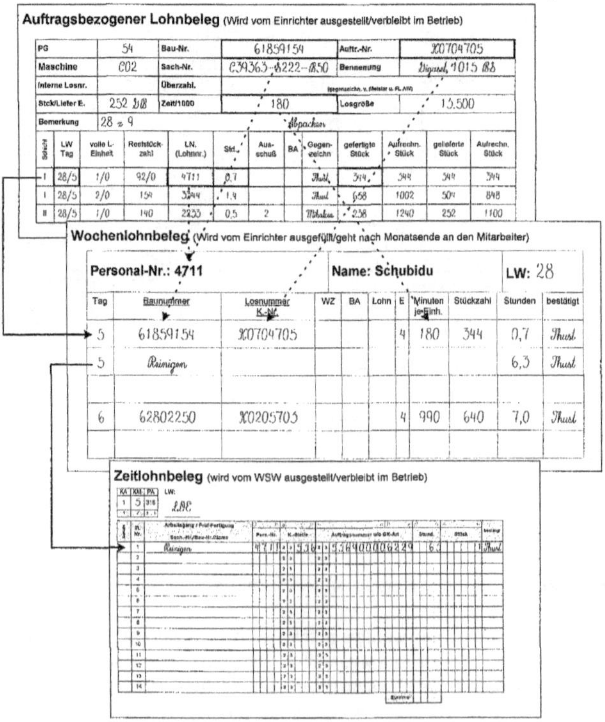

---

[77] Beschäftigung nach einem anderen Entlohnungsgrundsatz.

Im Gegensatz zu anderen Fertigungsbereichen, wird die auf Akkordtätigkeiten entfallende Zeit aufgenommen. Aus der Summe von Akkord- und Zeitlohntätigkeiten wird die tägliche betriebliche Anwesenheitszeit der Mitarbeiter nachgehalten.

Daher dient der Wochenlohnbeleg zur Kontrolle für den Mitarbeiter. Die Wochenlohnbelege werden wöchentlich zum Werkstattschreibwesen gegeben, damit die Zeitlohntätigkeiten auf Zeitlohnbelegen festgehalten werden können (vgl. Abbildung 33, unterer durchgezogener Pfeil). Hierzu werden die Zeitdaten der Wochenlohnbelege auf Zeitlohnbelegen übernommen und um die Kontierungen ergänzt, die sich anhand der Tätigkeitsdaten ergeben. Daher liegt bei der Erfassung von Zeitlohntätigkeiten eine doppelte manuelle Erfassung vor.

Nach Beendigung der Aufträge an den Arbeitssystemen liegen die auftragsbezogenen Lohnbelege im Werkstattschreibwesen vor, so daß die Eingaben in LDE anhand der vorliegenden Belege vorgenommen werden können. Hierzu werden die Akkord- und Zeitlohnerfassungsfunktionen von LDE genutzt. Jeweils zum Monatsende werden die Wochenlohnbelege an die Mitarbeiter zu Kontrollzwecken zurückgegeben. Da die auftragsbezogenen Lohnbelege und die Zeitlohnbelege im Werkstattschreibwesen verbleiben können die gesetzlichen Aufbewahrungsvorschriften für Lohnbelege[78] erfüllt werden.

7.7 Prämienlohnbelege und Leistungsdatenerfassung

Am Standort Bocholt werden derzeit sechs Prämienlohnsysteme angewandt, die in Abbildung 34 dargestellt sind. Hierzu zählen die SMD- und Montageprämie sowie die Prämie des Versorgungszentrums, der Qualitätssicherung, der Instandhaltung und des Formenbaus. Weitere Prämienlohnsysteme für die Flachbaugruppenprüfung, Kunststoffverarbeitung und Kleinteilemontage sind geplant.

Den Prämiensystemen liegt eine Betriebsvereinbarung zu Grunde, in denen der Prämienalgorithmus und die Bezugsgrößen festgelegt sind. Dabei sind Prämienlohnsysteme von Prämiengruppen zu unterscheiden. Prämiensysteme sind durch die Prämienkennlinie und die Bezugsmerkmale gekennzeichnet. Prämiengruppen stellen eine abrechnungstechnische Einheit dar, in der das Prämiensystem angewandt wird.

Abbildung 34: Prämiensysteme und Prämiengruppenanzahl am Standort Bocholt

	Fertigung		Fertigungsnahe Bereiche			
Prämien-system	SMD	Montage	Qualitäts-sicherung	Instand-haltung	Versor-gungs-zentrum	Formen-bau
Prämien-gruppen	4	5	1	1	1	1

Stand: August 97

7.7.1 Montageprämie

In den Montageprämiengruppen werden im Dreischichtbetrieb Telefone montiert und verpackt. Dabei werden anfallende Teilarbeiten, von der Vormontage bis zur Schlußprüfung von der Gruppe ausgeführt. Die eingeführte Gruppenprämie basiert auf den Bezugsmerkmalen Menge und Quali-

---

[78] Vgl. Gesetz zur Aufbewahrung von Unterlagen; Aufbewahrungsfristen vom 10.5.1987 (HGB), RGBl. S. 219, §257, Abs. 4.

tät. Sie gilt räumlich für die Mitarbeiter an einer Montagelinie. Folgende Arbeitsplätze sind prämienberechtigt:

Akkordtätigkeiten	Zeitlohntätigkeiten
• *Montierer*	• *Fehlersucher und -beseitiger*
• *Verpacker*	• *Einrichter*
	• *Qualitätsbeauftragter*
	• *Produktionshelfer*

Leistungskennzahl für die Prämie sind die gefertigten und nachgearbeiteten Telefongeräte. Die Stückzahl der gefertigten und nachgearbeiteten Geräte bezieht sich auf den hierfür aufgewendeten zeitlichen Mitarbeitereinsatz. Vom Verfahren her, wird der Prämienprozentsatz wie der Leistungsgrad im Akkord ermittelt. Der Leistungsgrad für die Akkordtätigkeiten berechnet sich aus:

$$Leistungsgrad\ Akkord = \frac{gefertigte\ Stückzahl\ (m) \times Vorgabezeit\ (t_e) + Rüstzeit\ (t_r)}{Anwesenheitszeit\ (Montierer\ und\ Verpacker)} \times 100\%$$

$$= \frac{Sollzeit\ Akkord}{Istzeit\ Akkord} \times 100\%.$$

Die Höhe der Rüst- und Vorgabezeiten ergeben sich aus dem Refa-Arbeitsstudium[79], wobei zu berücksichtigen ist, daß die Vorgabe- und Rüstzeiten für jeden Telefontyp unterschiedlich hoch sein können.

Nach dem gleichen Verfahren wird der Leistungsgrad für die Fehlersuche und -behebung berechnet. Hierzu wird die Anzahl der nachgearbeiteten Geräte ermittelt und mit einer Vorgabezeit für die Fehlerbeseitigung multipliziert, die in der Betriebsvereinbarung hinterlegt ist. Als Mitarbeitereinsatzfaktor gehen die Anwesenheitszeiten der Mitarbeiter der Qualitätssicherung in die Prämienberechnung ein.

$$Leistungsgrad\ QS = \frac{nachgearbeitete\ Stückzahl\ (n) \times Vorgabezeit\ QS}{Anwesenheitszeit\ (Fehlersucher\ und\ -\ beseitiger)} \times 100\%$$

$$= \frac{Sollzeit\ QS}{Istzeit\ QS} \times 100\%$$

Aus beiden Leistungsgraden bestimmt sich die Prämienhöhe wie folgt:

$$Prämie\ (in\%) = \frac{Sollzeit\ Akkord + Sollzeit\ QS}{Istzeit\ Akkord + Istzeit\ QS} \times 100\%.$$

Das Montageprämiensystem zielt darauf ab, daß die Mitarbeiter die Sollzeiten möglichst weit unterschreiten. Jede Unterschreitung der Sollzeiten führt zu einer Prämienzulage, die als Prozentaufschlag auf das Grundentgelt der prämienberechtigten Mitarbeiter gezahlt wird. Die Prämienzulage kann gesteigert werden, indem bei gleicher Mengenleistung der Mitarbeitereinsatzfaktor reduziert oder die Mengenleistung bei gleichem Mitarbeitereinsatzfaktor gesteigert wird. Die maximal erreichbare Prämienzulage wird bei der Montageprämie auf 40% vom tariflichen Grundentgelt begrenzt (vgl. Abbildung 35 b).

In Abbildung 35 a) ist ein Beispiel zur Prämienkennlinie und Prämienberechnung dargestellt. Dabei wurde unterstellt, daß 10 Mitarbeiter in einer Montageprämiengruppe arbeiten. Sofern kein Pro-

---

[79] Vgl. Refa, Methodenlehre des Arbeitsstudiums, Teil 2, Datenermittlung, München, 1975, Aufl. 4, S. 41 ff.

64

duktwechsel vorliegt, müssen bei einer Schichtzeit von 7,0 Std. und einer Vorgabezeit von 600 Min. je 100 St., 700 Geräte montiert und verpackt werden, um die Prämienausgangsleistung zu erreichen. Liegt die Leistungskennziffer über 700 Geräte kann ein Prämienendlohn bis zu 140% erreicht werden.

Abbildung 35: a) Kennlinie des Montageprämiensystems b) Prämienzulage

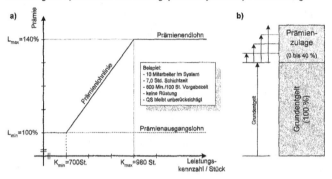

7.7.2 SMD-Prämie

In den SMD-Prämiengruppen werden im Dreischichtbetrieb Flachbaugruppen hergestellt. Dabei werden anfallende Teilarbeiten, von der Leiterplattenbestückung bis zur optischen Kontrolle, von der Gruppe ausgeführt. Das Ziel der Prämienentlohnung ist es, die Mengenleistung und die Qualität zu optimieren. Räumlich gesehen sind jeweils die SMD-Montagelinien einer Werkstatt zu einer SMD-Prämiengruppe kombiniert. Folgende Arbeitsplätze sind prämienberechtigt:

- *SMD-Maschinenführer*
- *SMD-Maschinenbediener*
- *Megamatbediener*
- *Fehlersucher*

- *Einrichter*
- *Qualitätsbeauftragte*
- *Prozeßoptimierer*
- *Produktionshelfer.*

Als Bezugsmerkmale werden die Menge und die Qualität zu Grunde gelegt. Dabei werden beide Bezugsmerkmale nach der Arbeitsleistung zur Beibehaltung und zur Verbesserung differenziert. Dieser Zusammenhang ist in Abbildung 36 a) dargestellt, wobei davon ausgegangen wird, daß sich die Mengenleistung als auch die Qualität aufgrund des *'Lerneffektes'* im Zeitverlauf verbessert. In Abbildung 36 b) ist der zugehörige Entgeltaufbau bei der SMD-Prämie dargestellt. Es können 20% Prämienzulage durch die Mengenleistung oder Qualitätskennzahl erreicht werden, wobei sich die jeweilige Zulage aus einem Beibehaltungs- und Verbesserungsanteil zusammensetzt.

Die Festlegung der Prämie zur Verbesserung der Ausgangsleistung orientiert sich an den vereinbarten Mengen- und Qualitätszielwerten. Das Mengenziel besteht darin, 85% der theoretischen Leistung in Abhängigkeit der zum Zeitpunkt der Produkteinführung ermittelten Ist-Durchlaufzeit der SMD-Linien zu erreichen. Als Meßgröße werden die gefertigten Flachbaugruppen je Betriebsmittelstunde zu Grunde gelegt. Das Qualitätsziel besteht darin, eine Fehlerquote von 30 dpm[80] für das SMD-Bestücken und Reflow-Löten zu erreichen.

---

[80] Defects per million.

Abbildung 36: a) Lernkurve zur Fertigung von FBG b) Entgeltaufbau bei der SMD-Prämie

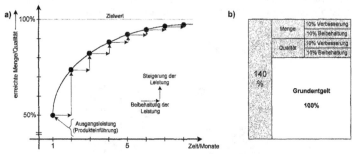

Quelle: Siemens AG, Prämienentlohnung SMD - Mitarbeiterinformation, Bocholt, 1997, Punkt 11 (modifiziert)

Die Ermittlung der Prämienhöhe erfolgt nach dem *'Relativmodell'*. Nach diesem Modell werden die Kennzahlen des aktuellen Abrechnungsmonats mit der Durchschnittskennzahl der vorangegangenen drei Monate verglichen. Im aktuellen Monat kann gegenüber der Kennzahl für den Durchschnitt der drei letzten Monate eine *'Verbesserung'*, *'Beibehaltung'* oder *'Verschlechterung'* erreicht werden. Eine Prämienzulage wird gewährt, wenn sich die Kennzahl des aktuellen Monats gegenüber der Kennzahl für die letzten drei Monate verbessert hat oder gleich geblieben ist.

Die Prämienlohnlinie ist produktabhängig definiert, so daß die Mitarbeiter bei steter Verbesserung ein *'Prämienbudget'* von rund 120% erreichen können. In diesem Fall wird eine Produktlebensdauer von 12 Monaten unterstellt, wodurch von Monat zu Monat eine Verbesserungsprämie von durchschnittlich 10% erreicht werden kann. Ein Beispiel zur Ermittlung der Prämienzulage ist in Abbildung 37 dargestellt, wobei Mengen- und Qualitätsprämie getrennt betrachtet werden.

Die Mengenprämie wird im Abrechnungsmonat für jeden Flachbaugruppentyp separat ermittelt. Dabei wird die erreichte Stückzahl auf die im aktuellen Monat geleisteten Betriebsmittelstunden bezogen, so daß sich eine Einheit FBG/Std. ergibt. Diese Kennzahl wird verglichen mit dem Durchschnittswert der vorangegangenen 3 Monate. Sofern die Mengenleistung höher oder gleich der Durchschnittsleistung liegt, wird eine Beibehaltungsprämie von 10% gewährt. Liegt die Mengenleistung höher als die Durchschnittsleistung, wird zusätzlich eine Verbesserungsprämie gewährt. Die Mengenkennzahl wird aus folgendem Algorithmus berechnet:

$$Mengenkennzahl = 1 + \frac{\dfrac{Anzahl\,FBG}{Betriebsmittelstunden}(Ist) - \dfrac{Anzahl\,FBG}{Betriebsmittelstunden}(\emptyset\,3\,Monate)}{\dfrac{Anzahl\,FBG}{Betriebsmittelstunde}(Zielwert)}.$$

Ist die Mengenkennzahl bestimmt, ergibt sich aus der Prämienkennlinie die zugehörige Verbesserungsprämie (vgl. Abbildung 37 a). Dabei ist zu berücksichtigen, daß für jeden Flachbaugruppentyp in der Regel eine neue Prämienlohnlinie definiert wird. Die Prämienlohnlinie ist jeweils abhängig von der Ausgangsleistung, dem Zielwert für die Mengenleistung und der Produktlebensdauer (vgl. Abbildung 36).

Die Qualitätsprämie wird nach dem gleichen Verfahren bestimmt. Die Beibehaltungsprämie von 10% wird gewährt, wenn die Qualität des aktuellen Monats die durchschnittlich erreichte Qualität der vorangegangenen drei Monate entspricht oder übersteigt. Da sich die Qualität jeweils auf die Prüfung von einer Million Lötstellen bezieht (dpm), sind keine weiteren Hilfsgrößen erforderlich. Die Qualitätskennzahl ergibt sich aus dem Verhältnis zwischen aktuellem produktspezifischen dpm-Wert und dem Durchschnittswert der vorangegangenen drei Monate (vgl. Abbildung 37 b).

66

$$Qualitätskennzahl = \frac{dpm - Wert\ (Ist)}{dpm - Wert\ (\varnothing\ 3\ Monate)}.$$

Die Qualitätskennzahl ist wie die Mengenkennzahl produktabhängig. Demzufolge wird für jedes Produkt ebenfalls eine Prämienlohnlinie definiert, wobei im Unterschied der Zielwert für die Qualitätsprämie konstant ist.

Nach der Abbildung 37 a) und b) errechnet sich ein Prämienprozentsatz von

Prämienprozentsatz = Mengenprämie + Qualitätsprämie + Grundentgelt

= 10% + 7% + 10% + 5% + 100% = 132%.

Zur Berechnung des monatlichen Prämienverdienstes werden die Prämienprozentsätze produktspezifisch gewichtet.

Abbildung 37: Berechnung der a) Mengen- und b) Qualitätsprämie

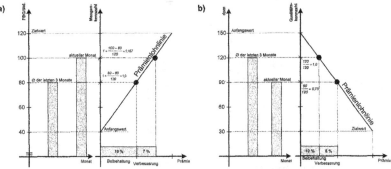

Quelle: Siemens AG, Prämienentlohnung SMD - Mitarbeiterinformation, Bocholt, 1997, Punkt 11 (modifiziert)

7.7.3 Datenerfassung und Datenauswertung

In Abbildung 38 ist ein Modell zur Erfassung von Grunddaten der Prämienentlohnung dargestellt. Das Modell ist sowohl für die Entlohnung der Montageprämiengruppen als auch für die SMD-Prämiengruppen gültig. In beiden Fällen werden aus dem Fertigungsprozeß Stück- und Qualitätszahlen sowie Anwesenheitszeiten ermittelt. Folgende Daten werden zur Bestimmung der Prämienzulage benötigt:

Montageprämiensystem

- Anwesenheitszeiten der Mitarbeiter
- Verpackte und montierte Geräte
- Nachgearbeitete Geräte
- Anzahl Rüstungen
- Vorgabezeiten, Überzahlungen

SMD-Prämiensystem

- Anwesenheitszeiten der Mitarbeiter
- Gefertigte Flachbaugruppen
- Qualität in dpm
- Betriebsmittelstunden je Produkt

Die erarbeiteten Stückzahlen und die Anwesenheitszeiten der Mitarbeiter werden mit Hilfe von Prämienlohnbelegen festgehalten. Daher bestehen die Prämienlohnbelege aus einem Teil zur Personalzeiterfassung und einem Teil zur Betriebsdatenerfassung. Abgesehen von den Qualitätsdaten, übernehmen die Einrichter die Datenerfassung. Die Qualitätsdaten werden von der Qualitätssicherung ermittelt. Deshalb ist die Erfassung von Qualitätsdaten in der Abbildung als gestrichelte Linie dargestellt. Während die Einrichter die Erfassung der Daten in den SMD-Prämienlohnprogrammen täglich vornehmen, werden die Daten in den Montageprämieprogrammen wochenweise von den Werkstattschreibkräften eingegeben.

Am Monatsende werden die Prämienzulagen von den Prämienprogrammen berechnet. Ergebnis der Prämienberechnung ist eine Entgeltliste auf der die Brutto-Stundenverdienste einzelner Mitarbeiter festgehalten sind. Die mit den Stundenverdiensten zu bewertenden Prämienstunden werden in LDE erfaßt und zur Entgeltabrechnung übergeben (vgl. Abbildung 38).

Abbildung 38: Modell zur Erfassung und Verarbeitung von Grunddaten der Prämienentlohnung

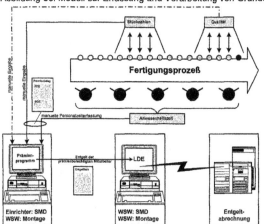

7.7.3.1 Prämienlohnprogramme

Der Aufbau von Prämienprogrammen ist in Abbildung 39 dargestellt. Die Eingangsdaten der Prämienprogramme lassen sich in Personalzeit- und Betriebsdaten einteilen. Das Prämienprogramm bedient sich dieser Daten und berechnet über den Prämienalgorithmus einen Prämienprozentsatz.

Damit gehören der Prämienalgorithmus und die Auswertungsfunktionen zu den *'Kernfunktionen der Prämienlohnprogramme'*, da sich die Grunddaten aus anderen DV-Systemen generieren lassen. Die Prämienlohnprogramme vereinen die Personalzeit- und Betriebdatenerfassungsfunktion. Durch die »autarke« Gestaltung der Prämienlohnprogramme ist der Erfassungsaufwand von den eingesetzten DV-Systemen abhängig.

Da innerhalb der Prämienprogramme mitarbeiterspezifische Stundenverdienste und Anwesenheitszeiten errechnet werden, müssen Mitarbeiterstammdaten in den Prämienprogrammen verwaltet werden. Die Stundenverdienste sind von den Lohngruppen der Mitarbeiter abhängig, so daß zudem die Lohngruppentabelle innerhalb der Prämienlohnprogramme gepflegt werden muß. Anhand der Kenntnis über die Lohngruppe einzelner Mitarbeiter und der Lohngruppentabelle läßt sich aus einem Prämienprozentsatz der Prämienstundenverdienst berechnen. Daher übernehmen die Prämienlohnprogramme *'Leistungsdaten-Verarbeitungsfunktionen'*.

Das SMD-Prämienlohnprogramm verfügt darüber hinaus über weitere Leistungsdaten-Verarbeitungsfunktionen. Hierzu zählt die Verwaltung von Prämienspeichern für die prämienberechtigten Mitarbeiter. Die Prämienspeicher sind aufgrund einer Betriebsvereinbarung erforderlich, da die ausbezahlten Prämienprozentsätze maximal +/- 2% von Monat zu Monat schwanken dürfen. Diffe-

68

renzen zwischen den erarbeiteten Prämien und den ausbezahlten Prämien werden durch die Prämienspeicher aufgefangen.

Abbildung 39: Strukturierter Aufbau von Prämienlohnprogrammen

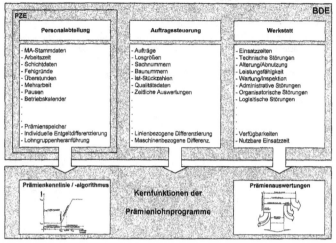

7.7.3.2 Prämienlohnbelege

Im Hinblick auf die Fertigung sind die Montage- und SMD-Prämienlohnbelege zu berücksichtigen. Die Prämienlohnbelege unterscheiden sich von den Akkord- und Zeitlohnbelegen, da bei der Prämienentlohnung eine Gruppenleistung zu Grunde liegt. Während die Akkord- und Zeitlohnbelege »bedarfsweise« ausgestellt werden, hat sich bei den Prämienlohnbelegen die tägliche Erfassung - getrennt nach Schichten - durchgesetzt. Diese Erfassungsweise bedeutet gleichzeitig mehr Erfassungs- und Verwaltungsaufwand.

Abbildung 40: Personalzeit- und Betriebsdatenerfassung in den Montageprämiengruppen

Monat: Mai		LW: 33		Schicht 1		SLT 2 = Montagegruppe G01									

	Lohn Nr.	Name	Montag		Dienstag		Mittwoch		Donnerstag		Freitag		Samstag		Summe	
			Ext Std	BA WZ	Ext Std	BA WZ	Ext Std	BA WZ	Ext Std	BA WZ	Ext Std	BA WZ	Ext Std	BA WZ	Ext Std	BA WZ
	4711	Meier	7,0		6,0	1,0	7,0			BF	7,0		6,5	0,5	34,0	1,0
	4712	Schulze	7,0		6,0	1,0	7,0			BF	7,0		6,5	0,5	34,0	1,0
	4713	Kaschinski	7,0			TU	7,0		7,0		7,0		6,5	0,5	35,0	
	4714	Ruprecht	7,0			FA	7,0		7,0		7,0		6,5	0,5	35,0	
	4715	Schulze	7,0		6,0	1,0	7,0		7,0			SLT 3		SLT 3	27,0	1,0

Ext. Std = Std. in der Prämiengruppe, BA = Belegart, WZ = Werte; FA = Freizeitausgleich, BF = Blockfrei, TU = Tariflicher Urlaub, SLT 3 = andere Prämiengruppe

		Montag	Dienstag	Mittwoch	Donnerstag	Freitag	Samstag	Summe
	Sachnummer / Produkt 1	H920-B101	H915-B101	H915-B101	H915-B101	H1004-B301	H1004-B301	
	Stückzahl 1	291	981	1143	245	1520	1250	
	Vorgabezeit in Min. je 100 St. te~	418	394	394	394	294	194	
	Vorgabezeit 1 gesamt	1.216,38	3.865,14	4.503,42	965,30	4.468,80	3.675,00	
	Sachnummer / Produkt 2	H1004-N301			H1004-B301			
	Stückzahl 2	960			1200			
	Vorgabezeit in Min. je 100 St. te~	327			294			
	Vorgabezeit 2 gesamt	3.139,20			3.528,00			
	Vorgabezeit 1+2 gesamt	4.355,58	3.865,14	4.503,42	4.493,30	4.468,80	3.675,00	25.361,24

In den Werkstätten werden unterschiedliche Prämienlohnbelege benutzt, so daß derzeit kein einheitlicher Standard existiert. In der Regel wird als Prämienlohnbeleg ein Formular verwendet, das manuell oder am PC ausgefüllt wird. Da die Daten über SMD- oder Montage-Prämienprogramme eingegeben werden, wird jedoch eine Standardisierung der Eingabedaten erreicht.

In Abbildung 40 ist ein Prämienlohnbeleg zur Erfassung von Personalzeiten und Betriebsdaten dargestellt, wie er in den Montageprämiengruppen eingesetzt wird. Im oberen Teil des Lohnbeleges werden die Personalzeiten und im unteren Teil die Betriebsdaten festgehalten. Die verwendeten Prämienlohnbelege unterscheiden sich von Werkstatt zu Werkstatt im Aufbau. Die Belege verfügen stets über Felder zur Personalzeit- und Betriebsdatenerfassung. Diese Betrachtung schließt die SMD-Prämienlohnbelege ein, wobei im Unterschied andere Felder zur Betriebsdatenerfassung vorgesehen sind.

7.7.4 Eingang von Prämienlöhnen in die Entgeltabrechnung

Im Unterschied zu den Akkord- und Zeitlohnbelegen werden die Prämienlohnbelege in den Prämienprogrammen erfaßt. Um die Zulage zu berechnen wird am Monatsende eine Prämienberechnung gestartet, deren Ergebnis eine *'Entgeltliste'* ist. Die Entgeltliste enthält für jeden prämienberechtigten Mitarbeiter den Stundenverdienst und die Anwesenheitszeit in der Prämiengruppe. Ein Auszug aus einer SMD-Entgeltliste für den Monat August ist in Abbildung 41 dargestellt. Hierbei handelt es sich formal um einen »verdichteten« Prämienlohnbeleg, der anhand der manuell erstellten Prämienlohnbelege generiert wird.

Im Rahmen der Lohndatenerfassung werden die Daten aus der Entgeltliste aufgegriffen und um Kostenrechnungsinformationen ergänzt. Die Informationen werden mitarbeiterspezifisch über die Akkordlohnerfassungsmaske in LDE eingegeben. Hierzu werden Überzahlungsfelder[81] des Akkordlohnbeleges genutzt. Mit Hilfe der Überzahlungsfelder können die Anwesenheitszeiten in der Prämiengruppe über die Entgeltabrechnung mit dem Stundenverdienst bewertet werden. Über die Akkordlohnerfassungsmaske wird ein Kostenstellenauftrag generiert, der dem Kontierungsaufbau eines Zeitlohnbeleges entspricht (vgl. Abbildung 41).

Abbildung 41: Beziehung zwischen Prämienlohnbeleg und Entgeltabrechnung

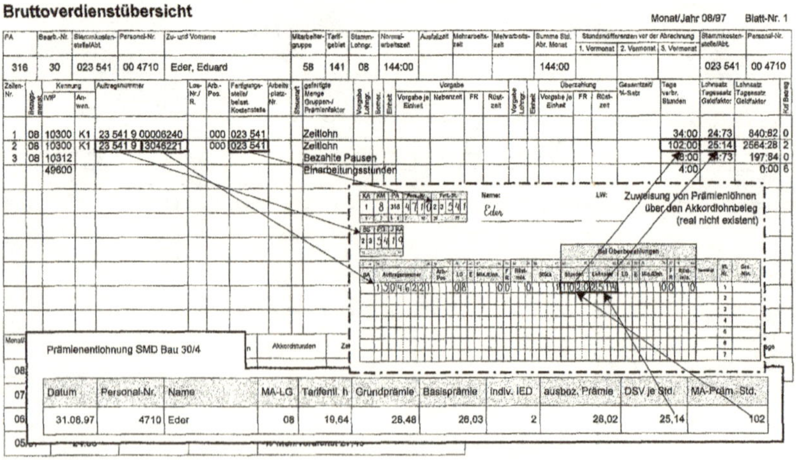

Bruttoverdienstübersicht — Monat/Jahr 08/97 — Blatt-Nr. 1

---

[81] Überzahlungsfelder: Lohnsatz und Stunden.

70

7.7.5 Personalzeiterfassung über die SMD-Prämienprogramme

Neben dem verdichteten Prämienlohnbeleg werden vom SMD-Prämienlohnprogramm zusätzlich die kumulierten Anwesenheitszeiten der Mitarbeiter berechnet. Hierbei handelt es sich um eine Datenauswertung der täglichen Zeitbuchungen, die die Einrichter im Abrechnungsmonat am Bildschirm in den Prämienlohnprogrammen vorgenommen haben.

In Abbildung 42 ist die PZE-Kontenauskunft eines Mitarbeiters der Anwesenheitszeiterfassung der Prämienlohnprogramme gegenübergestellt. Die An- und Abwesenheitszeiten der Mitarbeiter werden in den Prämienlohnprogrammen ähnlich wie in PZE erfaßt.

Dabei ist festzustellen, daß bei einigen Zeitwerten Abweichungen auftreten. Dies ist darauf zurückzuführen, daß die Eingaben in den Prämienlohnprogrammen von den Einrichtern nicht »minutengenau« erfaßt werden können. Dadurch ist die Abgleichproblematik der Anwesenheitszeiterfassung in den Prämienprogrammen mit denen der Zeitlohnbelege vergleichbar.

Im Unterschied zur PZE-Kontenauskunft werden die betrieblichen Anwesenheitszeiten in den Prämienlohnprogrammen nach ´Prämientätigkeiten´ (MA-Präm.-Std.) und nach ´prämienfremden Tätigkeiten´ (WA2) differenziert. Abrechnungstechnisch sind jedoch ausschließlich die Prämientätigkeiten relevant, da sie die Anwesenheitszeit innerhalb der Prämiengruppe repräsentieren, die mit dem jeweiligen Stundenverdienst zu bewerten sind.

Abbildung 42: Anwesenheitszeiterfassung in PZE und den SMD-Prämienprogrammen

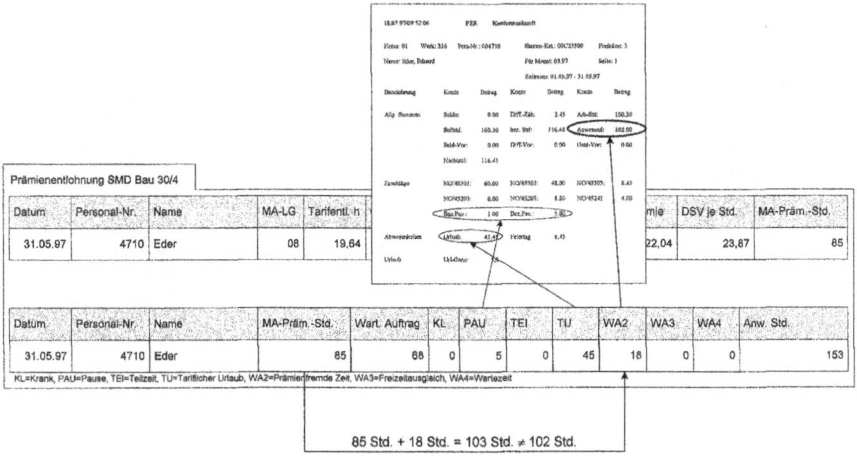

8 Optimierung der Lohndatenerfassung im Bereich der Fertigung

8.1 Ablauforganisation zur Lohndatenerfassung

Um die Vorgehensweise zur Lohnbelegerfassung zu *»resümieren«* ist in Abbildung 43 a) der Gesamtablauf zur Lohndatenerfassung dargestellt[82].

Die Einrichter halten die Einzeltätigkeiten der Mitarbeiter in schriftlicher Form auf Zeit-, Akkord- und Prämienlohnbelegen fest. Sofern Tätigkeiten innerhalb von SMD-Prämiengruppen durchgeführt werden, ist zudem die tägliche Erfassung von Anwesenheitszeit und Betriebsdaten in den Prämienprogrammen erforderlich. Da sich die Eingabeterminals an einem zentralen Gruppenplatz befinden, ist in der Regel eine vorgelagerte Anwesenheitszeiterfassung erforderlich. Diese wird mit einer manuellen Betriebsdatenerfassung kombiniert. Gleiches gilt für die Montageprämiensysteme. Im Unterschied werden die Grunddaten für die Montageprämienprogramme von den Werkstattschreibkräften erfaßt.

Die Werkstattschreibkraft ruft Woche für Woche die betriebliche Anwesenheitszeit der Mitarbeiter über die PZE-Kontenauskunft ab und trägt sie in die Anwesenheitsliste ein. Darüber hinaus übermittelt die Werkstattschreibkraft die betriebliche Anwesenheitszeit an die Einrichter.

Mit Hilfe dieser Information stellen die Einrichter Zeitlohnbelege in entsprechender Höhe aus. Die Belegerstellung erfolgt entweder handschriftlich mit Hilfe vorgedruckter Formulare oder DV-technisch am PC. Hierzu wird eine entsprechende Formatvorlage aus einem Standardanwenderprogramm[83] aufgerufen, ausgefüllt, ausgedruckt und handschriftlich unterschrieben. Wochenweise übergeben die Einrichter die Lohnbelege an das Werkstattschreibwesen, die ihrerseits die Lohnbelege kontrollieren und verarbeiten.

Die Kontrolle der Lohnbelege konzentriert sich auf den mitarbeiterspezifischen Zeitabgleich zwischen den betrieblichen Anwesenheitszeiten laut Personalzeiterfassung und den Lohnbelegen. Dieser Abgleich ist zeitaufwendig, da aufgrund des flexiblen Mitarbeitereinsatzes für jeden Leistungslöhner in der Regel zusätzlich Zeitlohnbelege vorliegen. Aus diesem Grund ist eine Mischlohnabrechnung für Akkord- und Prämienlöhner *»an der Tagesordnung«*.

Darüber hinaus erfolgt durch die Werkstattschreibkräfte eine Überprüfung der Leistungsgrade im Akkord. Der Leistungsgrad kann mit Hilfe der Rückrechnung aus betrieblicher Anwesenheitszeit abzüglich der Zeiten nach den Zeitlohnbelegen und den Stundenüberzahlungen berechnet werden. Der Leistungsgrad im Akkord berechnet sich aus folgendem Algorithmus:

$$Leistungsgrad = \frac{Sollzeit\ (Akkord)}{Istzeit\ (Akkord)} \times 100\%$$

$$= \frac{\sum Vorgabezeite(t_n) \times erarbeitete\ Stückzahl(n) + Rüstzeit(t_n)}{Anwesenheitszeit - \sum Zeitlohnbelege - \sum Stundenüberzahlungen} \times 100\%$$

wobei der Index ´n´ die Nummer des Akkordlohnbeleges kennzeichnet. Diese Berechnung wird von den Werkstattschreibkräften und vom Entgeltabrechnungssystem durchgeführt. Befinden sich die Leistungsgrade im Akkord in einem angemessenen Rahmen[84] wird die Anwesenheitsliste abgehakt.

---

[82] Anmerkung: Der dargestellte Ablauf bezieht sich auf die Fertigungsbereiche, exklusive Abt. Kunststoffverarbeitung.
[83] Excel oder Word.
[84] ≤ 150%.

72

Fehlen Belege über betriebliche Anwesenheitszeiten der Mitarbeiter werden nachträglich zusätzliche Zeitlohnbelege in erforderlicher Höhe ausgestellt. Treten Zeitabweichungen auf, erhält der Einrichter von der Werkstattschreibkraft eine Fehlermeldung. Anschließend werden die Lohnbelegdaten in das Lohndatenerfassungsprogramm eingegeben. Die Vorgänge wiederholen sich Woche für Woche bis zur Endabrechnung.

In der *Endabrechnungsphase* [85] wird für jeden Mitarbeiter letztmalig die betriebliche Anwesenheitszeit aus PZE abgerufen und in die Anwesenheitsliste eingetragen. Durch die in der Anwesenheitsliste festgehaltenen LDE-Eingaben kann überprüft werden, ob für den entsprechenden Abrechnungsmonat die Lohnbuchungen für den Mitarbeiter erfolgt sind. Entsprechen die laut PZE ausgewiesenen Zeiten bei der Endabrechnung nicht den Zeiten laut den Lohnbelegen, ist eine entsprechende Korrektur nach Rücksprache mit dem Einrichter erforderlich.

Dabei dient die Anwesenheitsliste dazu, den Abgleich zwischen Lohnbelegen und Personalzeiterfassung vorzunehmen. Daher kann die Anwesenheitsliste als manuelle *LDE-Kontenauskunft* betrachtet werden.

Abbildung 43: a) Ist-Ablaufdiagramm und b) Soll-Ablaufdiagramm zur Lohndatenerfassung

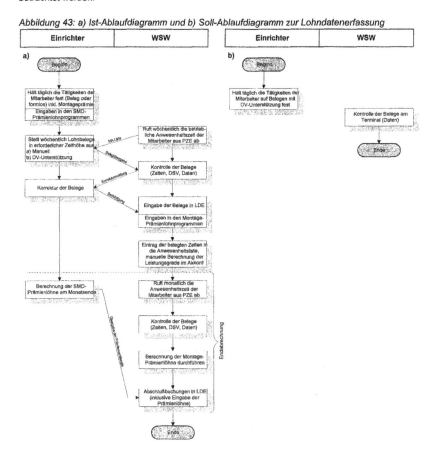

---

[85] Zeitraum zwischen Endabrechnungsstichtag und Monatsende.

Am Monatsende werden die Prämienstundenverdienste berechnet. Hierzu muß sichergestellt werden, daß die Grunddaten in den Prämienprogrammen erfaßt sind, um den Prämienalgorithmus zu starten. Dies gilt sowohl für die SMD- als auch für die Montageprämienprogramme. Danach erfolgt die Ausstellung bzw. der Ausdruck der verdichteten Prämienlohnbelege, aus denen sich die Eingabedaten für die Lohndatenerfassung ableiten lassen.

Da die Anwesenheitszeiten aus dem SMD-Prämienprogrammen - im Gegensatz zu den Anwesenheitszeiten aus den Montageprämienprogrammen - den Werkstattschreibkräften erst in der Endabrechnungsphase zur Verfügung stehen, können sich Zeitabweichungen zwischen betrieblicher Anwesenheitszeit aus PZE und SMD-Prämienprogramm einstellen. Diese müssen in der Endabrechnungsphase ausgeglichen werden.

Derzeit ist die betriebliche Anwesenheitszeit nach PZE für die Entgeltabrechnung ausschlaggebend. Daher werden in der Praxis Abgleichprobleme im Vorfeld von LDE und nicht vice versa in PZE gelöst.

Mit Hilfe des Ist-Ablaufdiagramm läßt sich ein (theoretisches) Soll-Ablaufdiagramm ableiten, daß in Abbildung 43 b) dargestellt ist. Nach dem Soll-Ablaufdiagramm gibt der Einrichter die Lohnbelege direkt an einem Bildschirm ein, so daß sie gleichzeitig einem zentralen DV-System zur Verfügung stehen. Im Gegenzug kontrollieren die Werkstattschreibkräfte »stichprobenartig« die Lohnbelege, die die Einrichter erfaßt haben.

Nach der Darstellung entfallen die Doppel- und Mehrfacherfassungen. In der Fertigung werden die Lohnbelege mindestens doppelt erfaßt, da zum einen der Einrichter Lohnbelege ausstellt und zum anderen das Werkstattschreibwesen die Lohnbelege in LDE eingibt. Hinsichtlich der SMD-Prämie ist zudem die dreifache Erfassung anzutreffen, da die Anwesenheitszeit von prämienfremden Mitarbeitern sowohl im Prämienprogramm als auch auf Zeitlohnbelegen festgehalten wird. Bei dieser Betrachtung sind darüber hinaus die Erfassungsaufwände für die Eintragungen in den Anwesenheitslisten unberücksichtigt.

- *Die Problematik des theoretischen Ablaufs ist zweischichtig. Zum einen müssen in der Praxis jegliche Doppel- und Mehrfacherfassungen vermieden werden und zum anderen muß der Zeitabgleich mit der Personalzeiterfassung bewerkstelligt werden. Dabei sind die Erfassungsaufwendungen der Prämienprogramme miteinzuschließen.*

8.2 Funktionen der DV-Systeme zur Lohndatenerfassung

Um den Sollablauf zu realisieren, werden zunächst die Funktionen der bestehenden DV-Programme getrennt. Im oberen Teil der Abbildung 44 sind die Funktionsblöcke des Lohndatenerfassungprogrammes (LDE) dargestellt. Dabei wurde eine Unterteilung in fünf Funktionsblöcke vorgenommen.

Der Funktionsblock ´System´ gibt das DV-Programm und den zugehörigen Software-Hersteller an. Gleichzeitig steht der Funktionsblock stellvertretend für eine Maskeneingabe mit Plausibilitätsprüfung. Es folgen die Funktionsblöcke ´Zeitbewegungen´, ´Auswertung´, ´Puffer´ und ´Schnittstelle´ zum Entgeltabrechnungssystem.

Das Lohndatenerfassungprogramm LDE wurde vor Einführung von PZE zur Erfassung von Personalzeiten verwendet. Hierzu mußten die Werkstattschreibkräfte die Personalzeiten per Anwesenheitsliste ermitteln und am Monatsende in das Lohndatenerfassungsprogramm eingeben.

Diese Funktion hat seit Mai '97 die Personalzeiterfassung übernommen. Gegenüber dem Lohndatenerfassungsprogramm werden im Personalzeiterfassungsprogramm zwei neue Funktionen
verwendet (vgl. Abbildung 44 unten). Zum einen werden die Zeitbuchungen an den Durchzugslesern täglich erfaßt und zum anderen kann eine monatliche Zeitkontenauskunft aus PZE abgerufen werden.

Mit der Einführung von PZE hat sich der genutzte Umfang des Lohndatenerfassungsprogramms
um die Hälfte reduziert, so daß heute ausschließlich die Lohndatenerfassungsfunktion von LDE
verwendet wird. Hierdurch hat sich ein »synthetisches Gebilde« aus Lohndaten- und Personalzeiterfassung ergeben, das sich durch einen unterschiedlichen Funktionsumfang auszeichnet. Aus
diesem Grund ist eine Funktionsanpassung von LDE an PZE vorzunehmen.

Abbildung 44: Bestehende DV-Systeme zur Erfassung von Lohndaten

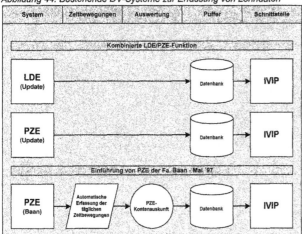

8.2.1 Entwicklungsalternative 1

Die erste Entwicklungsalternative besteht darin, ein integriertes Betriebsdatenerfassungssystem zu
implementieren. Die Betriebsdatenerfassung wird vom *'Arbeitskreis AWV, Datenerfassung'* wie
folgt definiert[86] :

- *„Betriebsdatenerfassung umfaßt die Maßnahmen, die erforderlich sind, um Betriebsdaten eines Produktionsbetriebes in maschinell verarbeitungsfähiger Form
am Ort ihrer Verarbeitung bereitzustellen [...]. Unter Betriebsdaten werden die im
Laufe eines Produktionsprozesses anfallenden Daten (definierendes Merkmal)
bzw. verwendeten Daten (ergänzendes Merkmal) verstanden. Hierbei handelt es
sich um technische und organisatorische Daten, insbesondere über das Verhalten
bzw. den Zustand des Betriebes [...]."*

---

[86] Roschmann, K. et al, Betriebsdatenerfassung in Industrieunternehmen, AWV-Schrift 251, München, 1979.

Die Aufgabe der Betriebsdatenerfassung besteht darin eine schnelle, sichere und kostengünstige Erfassung von Betriebsdaten zu gewährleisten. Dadurch steigert die Betriebsdatenerfassung die Leistung des betrieblichen Informationsflusses. Unter Betriebsdaten werden die im Laufe eines Produktionsprozesses anfallenden Daten verstanden. Hierbei kann es sich sowohl um technische als auch um organisatorische/administrative Daten über das Verhalten bzw. den Zustand eines Betriebes, handeln (Informationen über produzierte Mengen, benötigte Zeiten, Zustände von Fertigungsanlagen, Qualitätsdaten u.a.).

Es ist ein Kennzeichen der Betriebsdatenerfassung, daß aufgrund der Verzahnung der Daten in verschiedenen betrieblichen DV-Anwendungsgebieten weitere Aufgabengebiete aufgegriffen werden können. Zu folgenden Zwecken wird die Betriebsdatenerfassung in der betrieblichen Praxis eingesetzt[87, 88] :

- *Produktionsplanung und -steuerung mit Planung der Zeiten, Auftragstermine, Kapazitätsbelegungen;*
- *Fertigungssteuerung einschließlich der Werkstattsteuerung sowie Auftragsrückmeldung bzw. Arbeitsfortschrittserfassung und Zeiterfassung für die Aufträge;*
- *Materialwirtschaft einschließlich organisatorischer Lagersteuerung, Transportsteuerung mit Vorgaben und Erfassung/Überwachung der Mengenbewegungen;*
- *Schwachstellenanalyse, Maschinennutzungsüberwachungen zur zeitlichen und gegebenenfalls technischen Verfügbarkeitserhöhung kapitalintensiver Arbeitssysteme mit entsprechender Datenerfassung (Zeitgrößen, Störgründe);*
- *Technische Anlagensteuerung mit Vorgaben für technische Steuerungen im Betrieb, numerische Steuerung durch übergeordnete Leitstandsysteme,*
- *Qualitätssicherung mit Mengenerfassungen nach Gut/Schlecht und Erfassung der Daten unterschiedlicher Qualitätsmerkmale gemäß Prüfplanung;*
- *Betriebliches Rechnungswesen, Datenerfassung für die Istkostenrechnung;*
- *Personalwesen, Erfassung von Personalzeiten sowie von Lohn- und Leistungsdaten.*

Wird die Betriebsdatenerfassung für ein Aufgabengebiet aufgegriffen, so benennt man die Funktion aus dem entsprechenden Aufgabengebiet heraus[89]. Dieselbe Funktion kann jedoch in einem integrierten BDE-System realisiert werden, bei dem mehrere BDE-Aufgabengebiete berücksichtigt werden.

- *Diese sind am Standort Bocholt unter Wirtschaftlichkeitsüberlegungen zu empfehlen, da die sonst weniger leistungsfähigen 'Insellösungen' einen unnötigen Erfassungs- und Verwaltungsaufwand generieren. Mit Hilfe von integrierten BDE-Systemen können Mehrfacherfassungen derselben Daten vermieden werden.*

Betriebsdatenerfassungssysteme können die Funktionen der Lohndaten-, Personalzeit- und Betriebsdatenerfassung kombinieren[90]. Daher stellen Betriebsdatenerfassungssysteme formal eine Weiterentwicklung von Lohndaten- und Personalzeiterfassungssystemen dar. Dieser Zusammenhang ist in Abbildung 45 dargestellt.

---

[87] Vgl. Junghanns, J., Zeit- und Betriebsdatenerfassung, Landsberg, 1993, S. 8 ff.

[88] Vgl. Mülder, W. und Störmer, W., Personalzeit- und Betriebsdatenerfassung, Neuwied, 1995, S. 193 ff.

[89] Definitionsgemäß ist die Personalzeiterfassung ein Teilbereich der Betriebsdatenerfassung.

[90] Vgl. Vatteroth, H.-C., PPS und computergestützte Personalarbeit, Köln, 1993, S. 178 ff.

Abbildung 45: Integrierte BDE-Systeme

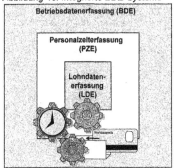

Um einen Überblick über das Angebot von Standard-Betriebsdatenerfassungsprogrammen zu erhalten, wurde im Rahmen dieser Studie eine Erhebung von Prospektmaterial durchgeführt. Hierzu sind 35 Anbieter von Betriebsdatenerfassungssystemen angeschrieben worden um Unterlagen zu requirieren. Aus den Rückmeldungen der Anbieter seien hier die Firmen:

- *Benzing GmbH, Villingen-Schwenningen*
- *Dr. Busch Elektronik, Waldbronn;*
- *gbo, Gerätebau Odenwald AG, Grasellenbach;*
- *GDV, Salzhausen;*
- *mpdv Mikrolab GmbH, Mosbach;*
- *Inca, Industrielle Computer Anwendungen GmbH, Aschheim;*
- *Siemens AUT, Vertrieb Essen;*

angeführt. Die Erhebung hat gezeigt, daß das Angebot an Standardsoftware- und Standardhardware-Systemen umfangreich ist. Durch die vorgefundene Angebotsvielfalt stellt sich die Frage, ob in Zukunft BDE- oder PZE-Software betriebsindividuell programmiert wird. Individualsoftware entwickeln bedeutet, die einzelnen Programm-Module zu konzipieren, programmtechnisch zu realisieren, konfigurieren, testen, pflegen und schließlich ständig mit den knappen Ressourcen eigenverantwortlich weiterzuentwickeln. Daher wird die Bedeutung von Individualsoftware für die Betriebe in Zukunft aufgrund der wirtschaftlichen Nachteile abnehmen.

Da die Vorbereitung für ein integriertes BDE-System den Rahmen dieser Studie überschritten hätte, war es im Hinblick auf die Lösung des Lohndatenerfassungproblems erforderlich, auf Basis getrennter Systeme zu planen[91] .

8.2.2 Entwicklungsalternative 2

Mit Einführung von PZE hat sich ergeben, daß die Lohndatenerfassung und die Personalzeiterfassung gleichberechtigte Informationslieferanten für das Entgeltabrechnungssystem sind.

In Abbildung 46 ist der heutige Zustand dargestellt, wonach die Systeme zur Betriebsdaten-, Personalzeit- und Lohndatenerfassung getrennt sind. Bezüglich der Betriebsdatenerfassung ist zu berücksichtigen, daß am Standort mehrere *'Insellösungen'* zu unterschiedlichen Zwecken eingesetzt werden.

---

[91] Anmerkung: Nach interner Diskussion wurde ein integriertes BDE-System als Entwicklungsalternative abgelehnt.

Abbildung 46: Getrennte BDE/PZE/LDE-Systeme

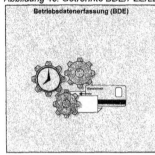

Durch den erweiterten Funktionsumfang von PZE gegenüber der Vorgängerversion ist es erforderlich den Funktionsumfang einer LDE-Nachfolgeversion anzupassen. Hierzu müssen die Lohndatenbewegungen täglich erfaßt werden. Zudem ist eine aktuelle LDE-Kontenauskunft zu installieren (vgl. Abbildung 44).

In diesem Zusammenhang erscheint die tägliche Lohndatenerfassung gegenüber der wöchentlichen Lohndatenerfassung nachteilig. Diese Bedenken können ausgeräumt werden, da in einigen Bereichen Lohndaten täglich erfaßt werden[92]. Für die anderen Bereiche reicht nach dem beschriebenen Ablauf (theoretisch) die wöchentliche Erfassung aus. Da sich die Einrichter die Tätigkeiten der Mitarbeiter nicht über eine Woche hinweg merken können, liegt eine tägliche Lohndatenerfassung vor[93].

Aus diesem Grund wurde ein »modifizierter« Lohnbeleg entwickelt, der zum einen eine tägliche Erfassung und zum anderen die Abrechnung aller Lohnformen ermöglicht. Die Ausgestaltung dieses Lohnbeleges lehnte sich an den Wochenlohnbeleg der Abt. Kunststoffverarbeitung an. Mit Hilfe des Wochenlohnbeleges wird die tägliche betriebliche Anwesenheitszeit der Mitarbeiter mit Akkord- und Zeitlohntätigkeiten vollständig abgedeckt (differenzierte Anwesenheitszeiten). Auf die anderen Fertigungsbereiche läßt sich der Wochenlohnbeleg bedingt übertragen, da die Abrechnungsmöglichkeit von Prämientätigkeiten fehlt.

Ein Problem des modifizierten Lohnbeleges war sein relativ unhandliches Format, um ihn noch handschriftlich ausfüllen zu können. Darüber hinaus mußte das Ausstellen eines beliebigen Lohnsatzes in einer Zeile bewerkstelligt werden. Daher hat er die Breite des DIN A4-Querformates überschritten.

Aus diesem Grund war bei der LDE-Neukonzeption die Einführung der ´beleglose Lohndatenerfassung´ geplant. Durch die beleglose Lohndatenerfassung können die Ist-Abläufe zur Lohndatenerfassung erheblich vereinfacht werden. Bei der beleglosen Erfassung werden die Lohnbelege direkt am Ort ihrer Entstehung in einem DV-System erfaßt.

Der Wegfall der manuell ausgefüllten Lohnbelege ist Voraussetzung, daß die Lohndaten einmal erfaßt werden[94]. Damit stellt die beleglose Lohndatenerfassung einen wichtigen »Eckpfeiler« zur Realisierung des Soll-Ablaufdiagramm nach Abbildung 43 b) dar.

---

[92] SMD- und Montageprämiengruppen, Lohndatenerfassung in der Abt. Kunststoffverarbeitung.
[93] Formlose Erfassung.
[94] Prinzip der Einmalerfassung.

Vor diesem Hintergrund wurde ein Datenbankmodell mit Hilfe des Programmes *Microsoft® Access* entwickelt. Dabei erfüllt *Access* Voraussetzungen, die an ein Datenbankmanagementsystem (DBMS) gestellt werden. Aus diesem Grund konnte mit Hilfe von *Access* die Datenbankstruktur einer neuen LDE-Version simuliert werden. Grundlage für den Aufbau der LDE-Datenbank war die Differenzierung von betrieblichen Anwesenheitszeiten in Verbindung mit der beleglosen Lohndatenerfassung.

Da im Rahmen dieser Studie nicht auf die Grundlagen zum Aufbau von DBMS-Systemen eingegangen werden kann, sei nachfolgend der Datenbankaufbau verkürzt beschrieben[95]:

Jeder Mitarbeiter verfügt über ein Zeitmodell, in dem zum einen das Datum, sowie Arbeitsbeginn und -ende hinterlegt sind. Zu jedem Mitarbeiter (Mitarbeiterstammdatentabelle) existiert ein Zeitmodell (Kalendertabelle) wodurch sich eine 1:1-Tabellenbeziehung ergibt. Sofern der Mitarbeiter im Betrieb anwesend ist, besteht nach dem Konzept der differenzierten Anwesenheitszeiten die Möglichkeit, beliebig viele Einzeltätigkeiten mit Arbeitsbeginn- und -ende aufzunehmen (Tätigkeitstabelle). Dadurch stehen Kalender und Einzeltätigkeiten in einer 1:n-Beziehung. Der Zeitnachweis für eine Einzeltätigkeit führt wiederum auf einen Akkord-, Prämien- oder Zeitlohnbeleg. Hierzu sind drei Lohnformentabellen anzulegen, so daß schließlich die Tätigkeitstabelle und die Lohnformentabellen jeweils in einer n:m-Beziehung stehen.

Durch den Aufbau der Datenbank in *Access* konnten die betrieblichen Anwesenheitszeiten der Mitarbeiter differenziert werden. Dabei wurden die DV-technischen Randbedingungen zur Realisierung zunächst nicht berücksichtigt. In Zusammenhang mit den DV-technischen Randbedingungen stellt sich folgendes Fragenbündel:

Welche Hardware ist erforderlich?; Welches Betriebssystem, welche Programmiersprache und welche Datenbank soll zur Realisierung der Software eingesetzt werden?; Welche Eigenschaften müssen die Benutzerflächen haben?; Welche Benutzerunterstützungen sind erforderlich?; Müssen die Benutzer der Software geschult werden?; Welche Datensicherungsmaßnahmen sind zur Speicher-, Zugriffs-, Benutzer- und Eingabekontrolle vorgesehen?; Werden alle Abfragen nach Benutzer-Nr. protokolliert?; Wie lange müssen die erfaßten Daten gespeichert werden?; Sind die Regeln ordnungsgemäßer Speicherbuchführung zu erfüllen?; Welche Datensicherungsmaßnahmen sind nach dem Datenschutzgesetz programmseitig vorgesehen?; Sind Druckmöglichkeiten erforderlich?; Können Druckjob-Parameter nach Bedarf vom Benutzer verändert werden?; Ist der Einsatz von Abfragesprachen für freie Suchabfragen und zum Erstellen von Listen vorgesehen?; Welche Anforderungen werden an die Dokumentation gestellt?; Kann der Systemverwalter Berechtigungen vergeben und sperren?; Welche Schnittstellen sind zur Entgeltabrechnung, zur Personalzeiterfassung und den Prämienprogrammen zu realisieren?...

Diese und weitere Fragen erfordern die Zusammenarbeit mit einem Software-Hersteller.

---

[95] Anmerkung: Die Leser ohne Kenntnisse über relationale Datenbanken seien an dieser Stelle auf Darstellungen an späterer Stelle verwiesen, da daß beschriebene Datenbankmodell als Grundlage für die Entwicklungsalternative 3 unter PZE dient.

8.2.3 Entwicklungsalternative 3

Die Entwicklungsalternative 3 besteht darin, daß entwickelte Datenbankmodell in PZE zu integrieren. Hierzu wurde das 'Konzept der differenzierten Anwesenheitszeiten' entwickelt:.

- Nach dem 'Konzept der differenzierten Anwesenheitszeiten' werden die Anwesenheitszeiten in die Personalzeiterfassung eingebunden. Dadurch werden die Tätigkeitszeiten - wie die PZE-Zeiten - subtraktiv aus der betrieblichen Anwesenheitszeit berechnet. Gleichzeitig lassen sich dadurch Differenzzeiten zwischen PZE und LDE von vornherein ausschließen.

Jeder Mitarbeiter verfügt in PZE über ein Zeitmodell. Zudem sind an Arbeitstagen beliebig viele Buchungen zwischen den Kommt- und Geht-Buchungen möglich. Dadurch können die Anwesenheitszeiten der Mitarbeiter nach Tätigkeiten im Betrieb differenziert werden. Darüber hinaus läßt sich im Standardprogramm zu jeder differenzierten Tätigkeit ein achtstelliges Feld belegen, so daß die auf bestimmte Tätigkeiten entfallende Zeit einer Lohnform zugeordnet werden kann. Daher reicht es aus, die Datenbank von PZE um die Lohnformentabellen zu erweitern.

Das Konzept der differenzierten Anwesenheitszeiten stellt eine Weiterentwicklung von PZE dar. Die LDE-Funktionen werden nach der Entwicklungsalternative 3 in PZE integriert. Dieser Zusammenhang ist in Abbildung 47 dargestellt.

Abbildung 47: Getrennte PZE/BDE-Systeme

Ein Vorteil der Integration von LDE in PZE ist, daß die DV-technischen Randbedingungen weitestgehend geklärt sind. Daher konzentriert sich das Interesse auf die Realisierung der 'Kernfunktionen der Lohndatenerfassung':

- ✓ Erfassung der täglichen Lohndatenbewegungen unter Einhaltung der GoB
- ✓ Abruf-, Ausdruck-, Korrektur- und Anzeigemöglichkeiten der Einzelbuchungen
- ✓ Datenbankauskunft der täglichen Lohndatenbewegungen (LDE-Kontenauskunft)
- ✓ Lösung der Differenzzeitproblematik zwischen PZE und LDE
- ✓ Vermeidung sämtlicher Doppel- und Mehrfacherfassungen in den Werkstätten
- ✓ Ankopplung der Lohndatenerfassung an die Prämienprogramme
- ✓ Stammdatenverwaltung über die Entgeltabrechnung.

Der definierte Funktionsumfang kann durch die Integration von LDE in PZE erfüllt werden[96]. Gleichzeitig wäre dieser Funktionsumfang Grundlage für die Beurteilung eines eigenständigen Konzeptes unter LDE.

---

[96] Vgl. Haken ✓.

80

8.3 Integration von LDE in PZE

Um die Integration von LDE-Funktionen in PZE zu bewerkstelligen wird eine zweistufige Vorgehensweise vorgeschlagen. Im Rahmen der ersten Ausbaustufe werden zunächst die Prämienprogramme an PZE angekoppelt. Bei der zweiten Ausbaustufe wird die Datenbankstruktur von PZE durch die Einführung von Zeitlohn- und Akkordlohntabellen erweitert. Aus diesem Grund ist die Integration von LDE in PZE nach Realisierung der zweiten Ausbaustufe abgeschlossen.

8.4 Ausbaustufe 1: Ankopplung der Prämienprogramme an PZE

In Abbildung 48 ist der Endzustand nach Abschluß der ersten Ausbaustufe dargestellt. Im Unterschied zur Abbildung 18 sind die Prämienprogramme an PZE angekoppelt. Dadurch verringert sich der Funktionsumfang von LDE um die Übergabe der Prämienlöhne an die Entgeltabrechnung.

Gleichzeitig werden die Prämienprogramme DV-technisch an die Personalzeiterfassung angekoppelt, so daß die dezentrale Anwesenheitserfassung in den Prämienprogrammen entfallen kann. Um dieses Ziel zu erreichen muß eine Ersatzlösung in PZE mit Schnittstelle zu den Prämienprogrammen geschaffen werden. Darüber hinaus sind in PZE die geleisteten Prämienstunden der Mitarbeiter zu bewerten und an das Entgeltabrechnungssystem zu übermitteln, so daß die manuelle Eingabe von Prämienlöhnen in LDE entfallen kann.

Einschränkend muß darauf aufmerksam gemacht werden, daß die DV-Struktur der Prämienprogramme mit der Einführung der Prämienentlohnung am Standort Bocholt »gewachsen« ist. Die Instrumente zur Ermittlung der Prämienlöhne reichen von der Führung manueller Listen bis hin zu komplexen Prämienabrechnungsprogrammen. In der Regel stehen für die Ermittlung der Prämienprozentsätze DV-Programme zur Verfügung, die nicht standardisiert sind.

In diesem Zusammenhang stellt sich die Frage ob, wann und wie die Prämienlohnprogramme standardisiert werden. Daher wird im Folgenden auf die Ankopplung der SMD-Prämienprogramme an PZE bezug genommen.

Abbildung 48: Ankopplung der Prämienprogramme an PZE

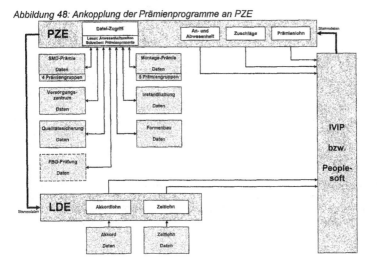

8.4.1 Differenzierung der Anwesenheitszeiten in den Prämiengruppen

Betrachtet man den Aufgabenbereich von LDE und PZE, so wäre ein erster Schritt zur Integration von LDE-Funktionen in PZE, betriebliche Anwesenheitszeiten der Mitarbeiter zu differenzieren. Dies bedeutet, daß Eintragungen zwischen den standardmäßig genutzten Kommt- und Geht-Buchungen vorgenommen werden können. Jeder dieser differenzierten Eintragungen entspricht wiederum einer Kommt- und Geht-Buchung mit Arbeitsbeginn und -ende.

Da PZE ein zentrales System ist, bei dem keine Zuordnung zur Prämiengruppe gegeben ist, wird zu jedem differenzierten Zeiteintrag ein Zusatzfeld benötigt. Dieses Zusatzfeld muß einer betrieblichen Anwesenheit, eine bestimmte Prämiengruppe zuordnen.

In den nachstehenden Beispielen sind die Ist- und Soll-Einträge dargestellt. Während die bisherigen PZE-Einträge die betriebliche Anwesenheitszeiten nachweisen, sind im zukünftigen PZE-Eintrag die differenzierten Anwesenheitszeiten dargestellt.

Damit Einträge in PZE vorgenommen werden können, muß der Einrichter die Mitarbeiter über die Personalnummer aufrufen. Je nach aktuellem Datum differenziert der Einrichter die Anwesenheitszeiten der Mitarbeiter nach Tätigkeiten. Damit die Zeiten möglichst genau nachgehalten werden, erfolgen Einträge bei Tätigkeitswechsel oder - wie bei der Anwesenheitserfassung in den Prämienprogrammen - schichtweise.

Beispiel:

Ist-Eintrag:	*Soll-Eintrag:*		
Personal-Nr. 004711,	*Personal-Nr. 00004711,*		
Stamm-Kst.: 00C23589,	*Stamm-Kst.: 00C23589,*		
Datum 01.08.1997	*Datum 01.08.1997*		
Arbeitsbeginn	*Arbeitsbeginn*		
5:57 (KOMMT)	*5:57 (KOMMT)*		
	Beginn	*Ende*	*Prämiengruppe*
	6:00	*10:00*	*SMD G01*
	10:00	*13:30*	*SMD G02*
Arbeitende	*Arbeitende*		
13:42 (GEHT)	*13:42 (GEHT)*		

Die Kommt- und Geht-Buchungen mit dem Durchzugsleser bleiben erhalten. Diese Daten werden zukünftig um die differenzierten Anwesenheitszeiten ergänzt. Die Eintragungen soll der Einrichter, der in Person dem ´TimeCoach´ entspricht, am Bildschirm vornehmen.

Entsprechend der Kommt- und Geht-Buchung per Durchzugsleser, sind die differenzierten Anwesenheitszeiten anzupassen. Dadurch wird ein strukturbedingter Abgleich zwischen den Anwesenheitszeiten in den Prämiengruppen und PZE erreicht. Demzufolge treten keine Differenzzeiten auf.

Die Eintragungen werden in PZE unverzüglich gespeichert. Dadurch läßt sich bei flexiblem Mitarbeitereinsatz eine ´Online-Lohnabrechnung´ aufrecht erhalten. Wechselt ein Mitarbeiter aus der Prämiengruppe SMD G01 (Einrichter 1) in die Prämiengruppe SMD G02 (Einrichter 2), so kann der Einrichter der Prämiengruppe SMD G02 die Eintragungen des Einrichters 1 am PZE-Terminal feststellen.

8.4.2 Positiv- und Negativerfassung

Bei der Datenerfassung wird zwischen der Positiv- und Negativerfassung unterschieden. Welche Datenerfassungsart in der Praxis zum Einsatz gelangt, ist in der Regel von den Erfassungsaufwänden abhängig.

Positiverfassung

Bei der Positiv-Erfassung werden sämtliche Einzeltätigkeiten mit Anfangs- und Endezeitpunkten einzeln erfaßt. Diese Erfassungsweise entspricht dem heutigen Stand, wie er in den Montageprämiengruppen und in der Abt. Kunststoffverarbeitung angewandt wird. Im Unterschied werden jedoch dort Summenzeiten in Form ganzer Stunden festgehalten.

Für die Mitarbeiter werden täglich Buchungen vorgenommen. Hierzu trägt der Einrichter für jeden Mitarbeiter seiner Gruppe Arbeitsbeginn, Arbeitende und die Gruppenbezeichnung in PZE ein. Daher müssen Eintragungen für die Mitarbeiter vorgenommen werden, die eine komplette Schicht in einer Prämiengruppe gearbeitet haben[97]. Andernfalls bliebe die differenzierte Anwesenheitszeit unbestimmt, so daß in der Praxis eine Fehlbuchung vorliegen würde.

Negativerfassung

Neben der Positiverfassung von Anwesenheitszeiten ist eine Negativerfassung denkbar. Bei der Negativerfassung wird davon ausgegangen, daß die Mitarbeiter in einer bestimmten Prämiengruppe arbeiten. Daher kann die betriebliche Anwesenheitszeit gleich der Anwesenheitszeit in einer vordefinierten Prämiengruppe gesetzt werden. Der Vorteil dieser Erfassungsweise liegt darin, daß ausschließlich die Abweichungen vom vordefinierten Zustand zu erfassen sind.

Die Negativerfassung entspricht der Erfassungsart im Rahmen der SMD-Prämienprogramme. Da keine Kopplung zu PZE besteht, müssen jedoch Urlaubstage, Freizeitausgleichsstunden, Feiertage und sonstige Fehlzeiten unabhängig voneinander erfaßt werden. Aus diesem Grund stellt sich bei den SMD-Prämienprogrammen die Frage, ob die Negativerfassung den Erfassungsaufwand im Vergleich zur Positiverfassung reduziert.

8.4.3 PZE-Kontenauskunft und Prämiengruppenkonten

In der Personalzeiterfassung werden im Rahmen der PZE-Kontenauskunft Zeitkonten geführt. Bei der PZE-Kontenauskunft handelt es sich um eine Datenbankauswertung der täglichen Zeitbuchungen. Die Auswertungen stehen entsprechend den aktuellen Buchungen online zur Verfügung. Zu den aktuellen Buchungen zählen neben den Buchungen an den Durchzugslesern die Buchungen an den Bildschirmen im Werkstattschreibwesen.

Durch die Differenzierung der Anwesenheitsstunden sind weitere Zeitkonten erforderlich. Diese zusätzlichen Zeitkonten dienen zur Datenbankauswertung der täglichen Buchungen die die Einrichter im Rahmen der Ausbaustufe 1 vornehmen. In Abbildung 49 ist die bisherige und zukünftige Kontenauskunft dargestellt. Die zukünftige Kontenauskunft erweitert sich um die Prämiengruppenkonten.

---

[97] Anmerkung: In PZE können Funktionstasten für Früh-, Spät- und Nachschichten belegt werden, so daß sich die Erfassungsaufwende reduzieren.

Da die Anwesenheitszeit keine Differenzierung nach Prämiengruppen vorsieht, sind separate Gruppenkonten erforderlich, die in den Kontenauskünften der Mitarbeiter erscheinen. Abbildung 49 zeigt zunächst vier SMD-Prämiengruppenkonten (SMD G01 bis G04) und fünf Montagegruppenkonten (MTG G01 bis G05).

Im Rahmen der PZE-Kontenauskunft erscheint ein Konto, daß von den Werkstattschreibkräften zur Monatsabrechnung genutzt wird. Hierbei handelt es sich um das Anwesenheitszeitkonto, daß die Stunden und Minuten, die ein Mitarbeiter im Werk in einem Monat verbracht hat, ausweist (vgl. eingekreistes Feld in der Abbildung 49).

Im dargestellten Fall hat ein Mitarbeiter 34:00 Std./Min. in der SMD G01 Prämiengruppe gearbeitet. Entsprechende Eintragungen in PZE haben die Einrichter für den Mitarbeiter über tägliche Zeitbuchungen vorgenommen. Die in der Kontenauskunft ermittelten Zeiten stellen die Anwesenheitszeiten der Mitarbeiter in den Prämiengruppen dar. Diese Auswertung enthält die herausgerechneten unbezahlten und bezahlten Pausenzeiten. Die Prämienstunden nach der Kontenauskunft werden daher bei der Entgeltabrechnung prämienwirksam.

Zusätzlich enthält die neue Kontenauskunft ein Differenzkonto, daß die prämienfremden Stunden in der Kontenauskunft anzeigt. Hierzu wäre eine Rückrechnung aus den Anwesenheitszeiten erforderlich. Dem Differenzkonto liegt der Berechnungsalgorithmus

$$\textit{Diff - Konto} = \textit{Anwesend} - \sum \textit{Prämiengruppenzeiten}$$

zu Grunde. Das Differenzkonto zeigt die prämienfremden Zeit an, die bei der Lohnabrechnung durch Zeitlohn- und Akkordlohnbelege nachgehalten werden muß. Die Zeitlohn- und Akkordlohnbelege sind nach Abschluß der ersten Ausbaustufe weiterhin in LDE zu erfassen (vgl. Abbildung 48).

Abbildung 49: Bisherige und zukünftige PZE-Kontenauskunft

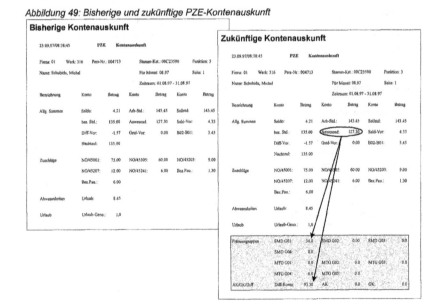

84

8.4.4 Datenübergabe

Vorteile der Anwesenheitserfassung in PZE ergeben sich, wenn die Anwesenheitserfassung in den Prämienprogrammen entfällt.

Da die Anwesenheitszeiten in den Prämienprogrammen erfaßt werden, ist eine DV-Schnittstelle zwischen PZE und den Prämienprogrammen einzurichten. Im Gegenzug müssen die Prämienprogramme, die monatlich ermittelte Prämienhöhe an PZE übergeben. Der Datenaustausch erfolgt daher in beide Richtungen. Darüber hinaus müssen die Prämienlöhne an das zentrale Entgeltabrechnungssystem zur Abrechnung übermittelt werden. Dieser Zusammenhang ist in Abbildung 50 dargestellt.

Abbildung 50: Vereinfachte Beschreibung der DV-Schnittstellen

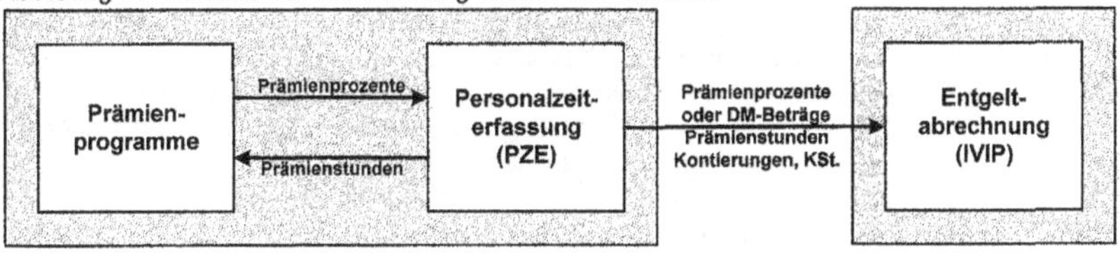

8.4.4.1 Datenübergabe Prämienprogramme/PZE

Zur Reduzierung der Erfassungsaufwendungen ist eine DV-Schnittstelle zwischen PZE und den Prämienprogrammen zu schaffen. Hierzu soll eine ´Offline-Datenübergabe´ implementiert werden, so daß die Prämienprogramme eine Auswertung der PZE-Daten anstoßen können. In diesem Fall übergibt PZE die Daten, die vom jeweiligen Prämienprogramm benötigt werden. Als Daten können kumulierte Werte[98] oder die Einzelbuchungen übergeben werden.

Jeweils am Monatsende wird zum Zweck der Lohnabrechnung eine Prämienberechnung gestartet. Ergebnis der Prämienberechnung ist ein Prämienprozentsatz, der den Mitarbeitern gutgeschrieben wird. Für die prämienberechtigten Mitarbeiter wird von den Prämienprogrammen eine Entgeltliste mit den auszuzahlenden Prämienstundenverdiensten erstellt. Diese Entgeltinformationen müssen an PZE übergeben werden, so daß sie dort weiterverarbeitet und an die Entgeltabrechnung übermittelt werden können.

8.4.4.2 Datenübergabe an die Entgeltabrechnung

Die Prämienstunden eines Mitarbeiters sind mit dem Prämienstundenverdienst zu bewerten. Hierzu müssen dem Entgeltabrechnungssystem folgende Daten mitgeteilt werden:

- *Personal-Nr., Name;*
- *Monat, Jahr;*
- *Anwesenheitszeiten in den Prämiengruppen;*
- *Prämienstundenverdienst oder Prämienprozentsatz;*
- *Kostenstelle in der der Mitarbeiter tätig war, Kontierung.*

---

[98] Summenstunden der in den Prämiengruppen geleisteten Stunden.

Neben den Entlohnungsinformationen sind die Daten für das Rechnungswesen ordnungsgemäß zu übermitteln. Den SMD-Prämiengruppen ist jeweils eine Platzkostenkontierung mit einer bestimmten Kostenstelle und Aufwandsart zugeordnet. Da sich sowohl Kontierungen als auch Kostenstellen ändern können, ist in PZE ein 'Menüpunkt' für deren Verwaltung zu schaffen.

Zur Verdeutlichung der Schnittstellenproblematik ist in Abbildung 51 die Übergabe der Prämienstundenverdienste von PZE an die Entgeltabrechnung dargestellt. Hierbei handelt es sich um eine Mischlohnabrechnung, da sowohl Prämienlöhne als auch Zeitlöhne gezahlt werden.

Die Auszahlung und Verbuchung des Prämienlohns findet sich in der ersten Zeile der Bruttoverdienstübersicht. Der Eintrag setzt sich aus dem Prämienstundenverdienst (hier: 25,00 DM/Std.) der Prämiengruppe SMD G01 und der in der Prämiengruppe verbrachten Zeit aus der PZE-Kontenauskunft (hier: 34,0 Std.) zusammen[99].

Durch die Prämiengruppe ist gleichzeitig die Aufwandsart (Platzkosten '6221') und die zu belastende Kostenstelle vorgegeben. Die Zeitlohneinträge, die in der zweiten bis vierten Zeile der Bruttoverdienstübersicht ausgewiesen sind, werden nach Abschluß der ersten Ausbaustufe weiterhin durch das bestehende LDE-Programm generiert.

Abbildung 51: Übergabe der Prämienstundenverdienste an die Entgeltabrechnung

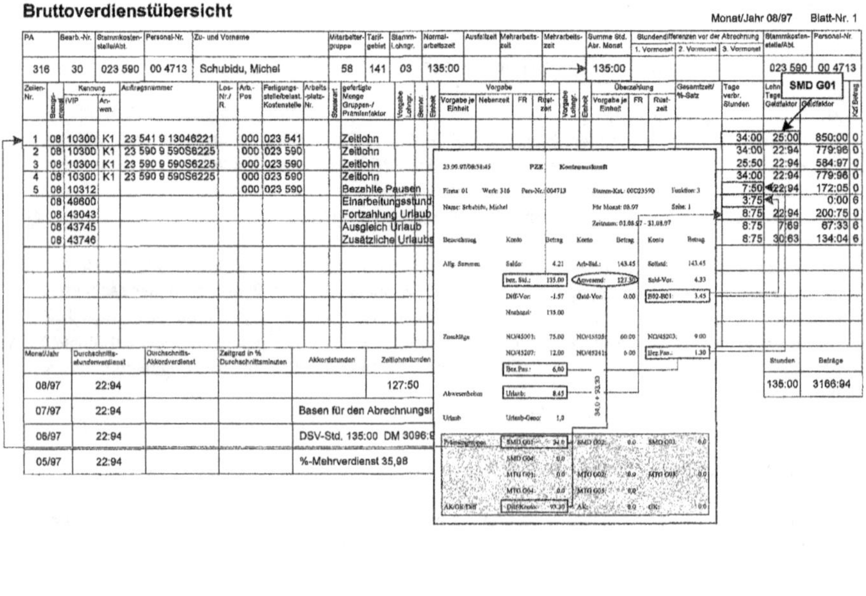

Bruttoverdienstübersicht

8.5 Ausbaustufe 2: Integration von LDE in PZE

Nach Realisierung der ersten Ausbaustufe werden die verbleibenden Funktionen von LDE in PZE integriert werden. Hierdurch kann das Ziel erreicht werden, die beleglose Lohndatenerfassung einzuführen. Der Endzustand nach Abschluß der zweiten Ausbaustufe ist in Abbildung 52 dargestellt.

Die Abbildung zeigt, daß sowohl die Anwesenheitszeiten in den Prämiengruppen als auch die Zeit- und Akkordlohnzeiten über PZE nachgehalten werden. Um die nach heutigem Stand auf den Lohnbelegen festgehalten Informationen zu erfassen, muß das Datenbankmodell der Fa. Baan weiterentwickelt werden. Hierzu sind zwei Lohnformentabellen für Akkord- und Zeitlohnbelege anzulegen.

Abbildung 52: Integration von LDE in PZE

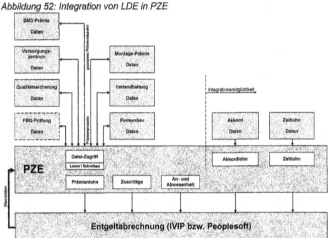

8.5.1 Zeitkonten: Akkordlohn (AK) und Zeitlohn (GK)

Die Differenzzeiten eines Mitarbeiters können sich aus zwei Zeitanteilen zusammensetzen. Dies sind die Zeiten, die auf Akkord- und Zeitlohn entfallen. Aus diesem Grund sind in der PZE-Kontenauskunft zwei separate Konten für die Lohnformen anzulegen. Diese Anwesenheitskonten werden mit ´AK´ (Akkordlohn) und ´GK´ (Zeitlohn) bezeichnet (vgl. PZE-Kontenauskunft aus Abbildung 49). Praktisch repräsentieren die Konten die angefallenen Zeit- und Akkordlohntätigkeiten in ihrer zeitlichen Höhe. Nachfolgend ist ein Beispiel dargestellt:

Personal-Nr. 004711, Stamm-Kst.: 00C23589, Datum 01.08.1997

Arbeitsbeginn
5:57 (KOMMT)

Beginn	Ende	Lohnart	
6:00	9:15	SMD G01	(Prämienlohn)
9:15	12:00	GK	(Zeitlohn)
12:00	13:30	AK	(Akkordlohn)

Arbeitende
13:42 (GEHT)

Die Zeitlohn- und Akkordlohneinträge werden wie eine separate Prämiengruppe behandelt. Im Gegensatz zu der ersten Ausbaustufe erfolgt der vollständige Zeitnachweis für einen Mitarbeiter. Die Einzelzeitnachweise ergeben die betriebliche Anwesenheitszeit des Mitarbeiters. Die Differenzstunden berechnen sich aus folgendem Algorithmus:

$$Diff\text{-}Konto = Anwesenheit - AK - GK - \sum aller\ Prämienstunden.$$

Sofern der Einrichter ausschließlich die geleisteten Prämienstunden einträgt, bleiben die Konten AK und GK auf 0:00 Std./Min. gesetzt. Daher zeigt das Konto Differenzzeiten im Rahmen der ersten Ausbaustufe die prämienfremden Stunden an.

Werden jedoch zukünftig Zeiten für Akkord und Gemeinkosten in der weiter oben beschriebenen Weise erfaßt, sollte sich das Differenzstundenkonto stets zu Null ergeben. Andernfalls ergeben sich Differenzzeiten bei der Entgeltabrechnung die zu Fehlermeldungen führen.

8.5.1.1 Zeitlohn-Eingabemaske

Zu jeder Zeitlohntätigkeit ist ein Zeitlohnbeleg auszustellen. Daher ist zu jedem GK-Eintrag, den ein Einrichter in PZE vornimmt, eine Eingabemaske für den Zeitlohnbeleg zu öffnen. Beispiel:

Personal-Nr. 004711, Stamm-Kst.: 00C23589, Datum 01.08.1997

Beginn	Ende	Lohnart	
6:00	9:15	SMD G01	*(Tätigkeit in der Prämiengruppe)*
9:15	12:00	**GK**	*(Zeitlohn-Tätigkeit → **Eingabemaske Zeitlohnbeleg**)*
12:00	13:30	SMD G01	*(Tätigkeit in der Prämiengruppe)*

Während zu den Tätigkeiten in den Prämiengruppen weiterhin keine zusätzlichen Eintragungen erforderlich sind, müssen für die Zeitlohntätigkeiten weitere Felder vorgesehen werden. Um jedoch die Informationen der Zeitlohnbelege zu erfassen und zu speichern, muß in PZE eine neue Lohnformtabelle angelegt werden. Zu jedem GK-Eintrag in den Zeitbuchungen ist demzufolge genau ein Zeitlohnbeleg zu erstellen. Dabei reicht es aus, einen Teil der Zeitlohnbeleg-Informationen zu erfassen. Personalnummer, Kalendermonat und Zeitbedarf sind bereits implizit durch PZE vorgegeben.

8.5.1.2 Akkordlohn-Eingabemaske

Zu jeder Akkordtätigkeit die ein Einrichter in PZE einträgt, ist ein Akkordlohnbeleg auszustellen. Daher ist bei jedem AK-Eintrag eine Eingabemaske für den Akkordlohnbeleg zu öffnen. Beispiel:

Personal-Nr. 004711, Stamm-Kst.: 00C23589, Datum 01.08.1997

Beginn	Ende	Lohnart	
6:00	9:15	GK	*(Zeitlohn-Tätigkeit → Eingabemaske Zeitlohnbeleg)*
9:15	12:00	**AK**	*(Akkordlohn-Tätigkeit → **Eingabemaske Akkordlohnbeleg**)*
12:00	13:30	GK	*(Zeitlohn-Tätigkeit → Eingabemaske Zeitlohnbeleg)*

Wie bei den GK-Einträgen ist in PZE eine Lohnformtabelle anzulegen, in denen die Akkordlohnbelege erfaßt und gespeichert werden können. Zu jedem AK-Eintrag in den PZE-Zeitbuchungen ist demzufolge ein Akkordlohnbeleg vorhanden. Es müssen jedoch nicht alle Informationen des Akkordlohnbeleges erfaßt werden, da die Personalnummer, der Name, die Lohnwoche und der Kalendermonat bereits vorgegeben sind. Im Unterschied zu den Akkordlohnbelegen in der Fertigung kann durch die DV-technische Erfassung zu jeder Akkordlohnposition ein Leistungsgrad bestimmt werden, da die real verbrauchte Zeit in PZE festgehalten wird.

8.5.2 Datenübergabe an die Entgeltabrechnung

Die DV-technisch gespeicherten Akkord- und Zeitlohnbelege werden nach Abschluß der zweiten Ausbaustufe monatlich an das Entgeltabrechnungssystem übertragen. Dadurch entfallen die Eingaben in LDE.

In Abbildung 53 ist der Zusammenhang zwischen der Personalzeiterfassung und der Bruttoverdienstübersicht dargestellt. Anhand der Abbildung läßt sich nachvollziehen, daß die PZE-Kontenauskunft um die Akkord- und Zeitlohntabellen erweitert worden sind[100]. Bei dem dargestellten Fall handelt es sich um die Mischlohnabrechnung aus Abbildung 51.

Die Auszahlung und Verbuchung des Prämienlohns findet sich weiterhin in der ersten Zeile der Bruttoverdienstübersicht. Nach Abschluß der zweiten Ausbaustufe werden die Zeitlohneinträge durch die Zeitlohntabelle generiert. Im Gegensatz zu den Prämienlöhnen werden die Einträge nicht kumuliert, sondern einzeln an die Entgeltabrechnung übergeben. Für die Entgeltabrechnung sind daher die Einzeleinträge aus den Akkord- und Zeitlohntabellen relevant und nicht die auf Akkord- und Zeitlohn entfallenden Stunden der PZE-Kontenauskunft.

Abbildung 53: Praktische Auswirkungen der Integration von LDE in PZE

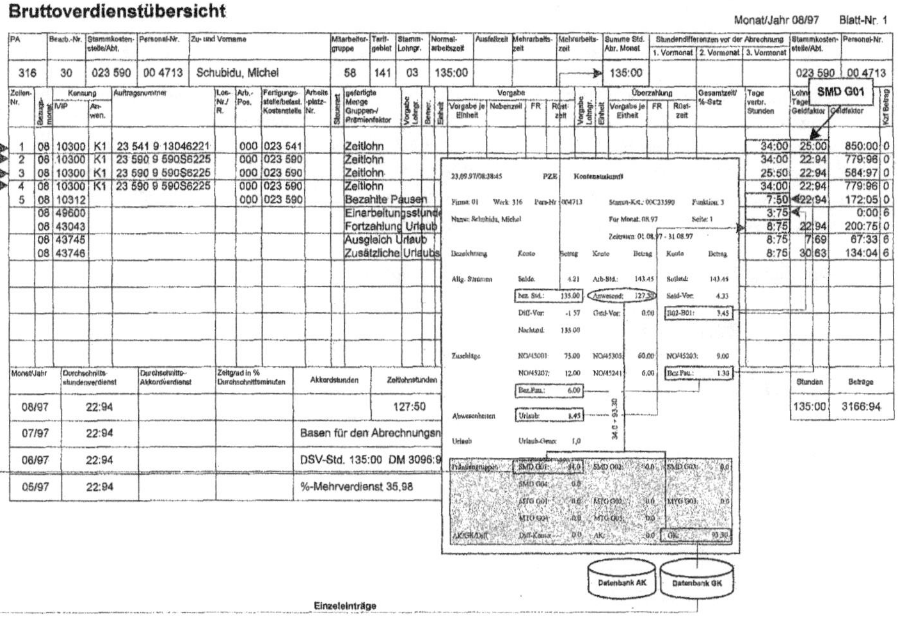

---

[100] Datenbank AK und Datenbank GK.

8.6 Optimierung der Zeiterfassung in den Prämiengruppen

Nach Einführung der beleglosen Prämienzeiterfassung besteht weiteres Optimierungspotential hinsichtlich der Erfassung von Anwesenheitszeiten. Zunächst ist die Erfassung der Anwesenheitszeiten am Bildschirm durch die Einrichter vorgesehen. Demzufolge muß für jeden Mitarbeiter bei einer Positiverfassung die Personal-Nr., die Anwesenheitszeit (Arbeitsbeginn und -ende) sowie die Prämiengruppe eingetragen werden. Durch diese Erfassungsweise können Eingabefehler entstehen, die es zu vermeiden gilt. Daneben tritt das Problem des Zeitbedarfs für die Eintragungen in PZE in Erscheinung.

Um sowohl Eingabefehler zu vermeiden, als auch die Eingabezeit zu beschleunigen, wird die Aufstellung von PZE-Terminals innerhalb der Prämiengruppen vorgeschlagen. Nimmt ein Mitarbeiter seine Arbeit auf, kann er sich per Werksausweis über einen Durchzugsleser in der Prämiengruppe anmelden (Kommt-Buchung Prämiengruppe), wobei jedem Terminal eine Prämiengruppe zugeordnet ist. Verläßt der Mitarbeiter die Prämiengruppe um prämienfremde Tätigkeiten auszuführen, kann er sich von der Prämiengruppe abmelden (Geht-Buchung Prämiengruppe). Bei dieser Vorgehensweise entfällt die manuelle Buchung durch die Einrichter vollständig.

8.7 Wirtschaftlichkeitsbetrachtung der Integration von LDE in PZE

Eine Hürde im Rahmen der Integration von LDE in PZE ist der Wirtschaftlichkeitsnachweis. Die Wirtschaftlichkeit wird erzielt, wenn der Gesamtnutzen die Kosten übersteigt. Es gilt:

$$Wirtschaftlichkeit = \frac{Nutzen}{Kosten} > 1.$$

Hinsichtlich der Kosten kann zunächst eine Unterteilung in einmalige und laufende Kosten vorgenommen werden. Zudem lassen sich die Kostenanteile nach Personal- und Sachkosten unterscheiden. Der Nutzen hingegen umfaßt alle quantifizierbaren und nicht-quantifizierbaren Kriterien[101]. Während die Kosten für DV-Projekte in der Regel genau bestimmt werden können[102], lassen sich Nutzen-Vorteile im voraus ungenau durch Wirtschaftlichkeitsberechnungen und Nutzwertanalysen berechnen. In Abbildung 54 ist das Entscheidungsproblem graphisch dargestellt.

Abbildung 54: Quantifizierbare und nicht quantifizierbare Kriterien

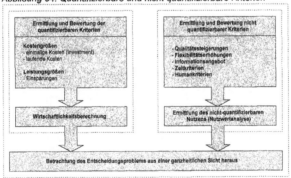

Quelle: Blum, E., Betriebswirtschaftliche Organisationslehre, Bochum, 1994, 12. Aufl., S. 24 (modifiziert)

---

[101] Qualitative Kriterien.
[102] Ein Richtangebot der Fa. Baan für die erste Ausbaustufe liegt vor.

8.7.1 Nutzwertanalyse

Ein in der Praxis angewandtes Verfahren zur Bestimmung der Wirtschaftlichkeit ist die Nutzwertanalyse. Sie wird vorrangig eingesetzt, wenn eine Auswahl zwischen mehreren Alternativen getroffen werden muß. Dabei erlaubt die Nutzwertanalyse eine Bewertung von Kriterien die sich nicht monetär quantifizieren lassen.

Daher kann die Nutzwertanalyse eingesetzt werden, wenn sowohl quantitative als qualitative Kriterien bei der Auswahl einer neuen LDE-Version berücksichtigt werden sollen. Dabei wird unterstellt, daß die Erfüllung eines einzelnen Kriteriums einen bestimmten Nutzen generiert. Aus diesem Grund seien an dieser Stelle einige Vorteile genannt, die über die festzulegenden Kriterien der Nutzwertanalyse in die Beurteilung eingehen könnten:

- *Keine Differenzzeiten zwischen PZE, LDE und den Prämienprogrammen;*
- *Die Anwesenheitszeiterfassung in den Prämienprogrammen entfällt;*
- *Vermeidung der doppelten Datenhaltung in PZE und den Prämienprogrammen;*
- *Kontrollmöglichkeiten für den Mitarbeiter anhand des PZE-Zeitnachweises;*
- *Verkürzung der Lohnabrechnung in der Endabrechnungsphase;*
- *Zentrale Datenhaltung der Lohndaten (Zentralisierung = Standardisierung);*
- *Zusätzliche Auswertungsmöglichkeiten;*
- *TimeCoach/Einrichter ist mit der Dateneingabe in PZE vertraut;*
- *Geringerer Programmieraufwand (Prämienprogramme);*
- *Genauere Kostenzuordnung durch die tägliche Erfassung;*
- *Eignung von PZE zur Mischprämienberechnung;*
- *Mitarbeiterstammdaten sind über PZE zentral abrufbar;*
- *Nutzung der GoB-Fähigkeit von PZE.*

Da zum Erstellungszeitpunkt kein vergleichbares Alternativkonzept vorlag, mußte auf die Durchführung einer Nutzwertanalyse im Rahmen dieser Studie verzichtet werden.

8.7.2 Wirtschaftlichkeitsanalyse

Bei der Wirtschaftlichkeitsberechnung werden Personaleinsparungen im Werkstattschreibwesen unterstellt, die sich vorrangig durch die beleglose Lohndatenerfassung ergeben[103]. Dabei bleiben Zeitaufwendungen der Einrichter unberücksichtigt, die sich aus dem Abgleich zwischen Einrichter und Werkstattschreibwesen ergeben. Zur Nachvollziehbarkeit sind an dieser Stelle die quantifizierbaren Nutzen zusammengefaßt:

- *Einführung der beleglosen Lohndatenerfassung;*
- *Vermeidung der Doppel- und Mehrfacherfassungen;*
- *Reduzierung von Overhead-Zeiten im Werkstattschreibwesen:*
  - *Abgleich von Anwesenheitszeiten aus PZE und LDE entfällt;*
  - *Abstimmungen zwischen Einrichter und WSW entfallen;*
  - *Eingabe von Prämienlöhnen in LDE am Monatsende entfällt;*
  - *Abrechnung von Zeitlöhnen der prämienfremden Mitarbeiter möglich;*
  - *Leistungsgrade im Akkord können über PZE automatisch ermittelt werden.*

---

[103] Ausbaustufe 1 + 2.

Aus Kapitel 4.2.3 geht hervor, daß die Lohndatenerfassung rund ein Drittel der Zeit der Werkstatt-schreibkräfte in Anspruch nimmt. Da die Aufgabe der Lohndatenerfassung nach dem Ablauf-diagramm aus Abbildung 43 b) die Einrichter übernehmen, wird im Werkstattschreibwesen eine Zeiteinsparung von 28% unterstellt, wobei 5% für Kontrollfunktionen verbleiben. Andererseits wird sich der Erfassungsaufwand für die Einrichter kaum erhöhen, da sie bislang Lohnbelege hand-schriftlich oder mittels PC ausgestellt haben. Auf Basis dieser Annahmen wurde das folgende Berechnungsbeispiel erstellt:

Berechnung der monatlichen Zeiteinsparung je WSW-Kraft:

$$\frac{Zeiteinsparung}{in\ \%} \times \frac{betriebliche\ Anwesenheitszeit}{in\ Std.} = \frac{Zeiteinsparung}{in\ Std./Monat}$$

$$28\ \% \times 110\ Std. \approx 30\ Std.$$

Berechnung des monatlichen Rationalisierungspotential je WSW-Kraft:

$$\frac{Zeiteinsparung}{in\ Std./Monat} \times \frac{kalkulatorischer\ WSW - Stundensatz}{in\ DM / Std.} = \frac{Monetäres\ Rationalisierungspotential}{in\ DM / Monat}$$

$$30\ Std. \times 60\frac{DM}{Std.} = 1.800\ DM$$

Berechnung des monatlichen Rationalisierungspotentials über alle WSW-Kräfte (FB):

$$\frac{Monetäres\ Rationalisierungspotential}{in\ DM / Monat} \times Anzahl\ der\ WSW - Kräfte\ (FB) = \frac{Monetäres\ Rationalisierungspotential\ (FB)}{in\ DM / Monat}$$

$$1.800\ \frac{DM}{Monat} \times 10 = 18.000\ \frac{DM}{Monat}$$

Berechnung des jährlichen Rationalisierungspotentials über alle WSW-Kräfte (FB):

$$\frac{Monetäres\ Rationalisierungspotential}{in\ DM / Monat} \times \frac{Monate}{Jahr} = \frac{Monetäres\ Rationalisierungspotential\ (FB)}{in\ DM / Jahr}$$

$$18.000\ \frac{DM}{Monat} \times 12\frac{Monat}{Jahr} = 216.000\ DM\ p.a.$$

Die Berechnung zeigt, daß ein Rationalisierungspotential durch die Integration von LDE in PZE von rund *216.000 DM p.a.* besteht. In diesem Zusammenhang sei auf einen Artikel aus der Zeit-schrift Personalwirtschaft[104] verwiesen, wonach die Fa. Vorwerk durch die Integration der Lohnda-tenerfassung in ein neues PZE-System rund *20.000 DM pro Monat* spart. Dabei beschäftigt die Fa. Vorwerk am Standort Wuppertal rund 2.700 Mitarbeiter, so daß ein Betriebsvergleich aufgrund der etwa gleichen Belegschaftsstärke mit der Siemens AG in Bocholt zulässig ist.

---

[104] Droege, M., 20.000 DM pro Monat gespart, Vorwerk führt Zeitwirtschaft im SAP R/3-Umfeld ein, in: Personalwirtschaft, 1997, 12, S. 38-41.

92

8.8 Zusammenfassung

Derzeit werden die Lohnbelege am Standort Bocholt manuell erfaßt. Aus diesem Grund sind zur Lohndatenerfassung Doppel- und Mehrfacherfassungen erforderlich. Dieser Zustand ist in der Abbildung 55 oben dargestellt.

Daher wird vorgeschlagen, die Lohnbelege ausschließlich einmal zu erfassen. Hierzu müssen die Lohnbelege am Ort ihrer Entstehung DV-technisch erfaßt werden, so daß ihre Weiterverarbeitung gewährleistet ist. Diese Erfassungsweise ist in Abbildung 55 als ´Step 1´ dargestellt. Die zur praktischen Umsetzung erforderlichen Maßnahmen sind im Rahmen der vorliegenden Studie behandelt worden. Obwohl hierbei aufgrund der wirtschaftlichen Vorteile von einer Realisierung unter PZE ausgegangen worden ist, gelten für eine Realisierung unter LDE die gleichen Maßstäbe. Diese Maßstäbe sind im Rahmen der dritten Entwicklungsalternative als ´Kernfunktionen der Lohndatenerfassung´ definiert worden.

Darüber hinaus kann die Anwesenheitserfassung am Bildschirm entfallen, wenn separate Durchzugsleser in den Werkstätten aufgestellt werden. Hierzu bietet PZE günstige Voraussetzungen, so daß sich die Aufwendungen für die Lohndatenerfassung nochmals verringern könnten. Die Erfassungsart eignet sich jedoch ausschließlich für die Anwesenheitszeiterfassung in den Prämiengruppen, da Prämiengruppenwechsel registriert werden können. Diese Entwicklungsalternative ist in Abbildung 55 als ´Step 2´ dargestellt.

Abbildung 55: Entwicklung einer zukunftsorientierten Lohndatenerfassung

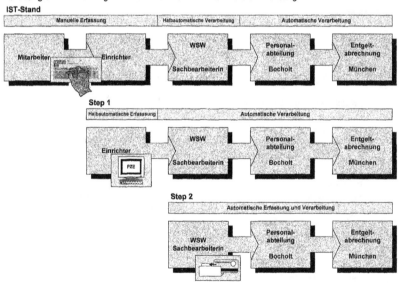

9 Probleme der Leistungsentlohnung

9.1 Technologische Veränderungen

Die Leistungslöhne werden für die Arbeitskräfte und die Betriebsleitung aufgrund der technologischen Veränderungen zunehmend problematisch. Der Einsatz automatisierter Betriebsmittel führt zur räumlichen und zeitlichen Entkopplung des Mitarbeiters vom Produktionsprozeß.

Die Abfolge menschlicher Eingriffe wird unabhängig von der zeitlichen Abfolge der Produktionsvorgänge. Deshalb können Eingriffe der Arbeitskraft kaum mehr im voraus bestimmt, definiert und vorgegeben werden. Die Mengenleistung und das Arbeitstempo werden zunehmend durch die Geschwindigkeit von automatisierten Maschinen und Anlagen bestimmt. Statt dessen nehmen neue betriebliche Anforderungen wie optimale Nutzung kapitalintensiver Maschinen und Anlagen, schnelle Störungsdiagnose und -beseitigung, kurzfristige Produktionsumstellungen, optimaler Produktionsdurchlauf, an Bedeutung zu.

Aufgrund dieser Veränderungen besteht ein betriebliches Interesse an der Flexibilisierung des Arbeitseinsatzes. Hierzu müssen die Lohnformen in den Betrieben neu ausgerichtet werden. Dabei kann es jedoch zu Konflikten kommen, da Veränderungen den Interessen der Mitarbeiter widersprechen können. Dies gilt insbesonders dann, wenn sie erkennen, daß ihre Verdienstchance sinkt.

9.2 Akkordlohn

9.2.1 Rechtliche Faktoren

Aufgrund der weiten Verbreitung des Akkordlohns in der Metallindustrie liegen umfassende tarifvertragliche Bestimmungen vor. Die wichtigsten Regelungen betreffen[105]:

- *Art und Verfahren der Akkordfestsetzung und Vorgabezeitermittlung, bei der Rüstzeiten, Grundzeiten, Verteilzeiten und Erholungszeiten zu berücksichtigen sind,*
- *Verfahren zur Vorgabezeitermittlung, die mit dem Betriebsrat abzustimmen sind,*
- *notwendige Angaben auf dem Akkordlohnbeleg, auf dem die Art der Arbeit, die Lohngruppe, die Stückzahl und die Vorgabezeit angegeben werden muß,*
- *Wartezeiten, die mit dem Durchschnittsstundenverdienst des letzten Monats zu vergüten sind,*
- *Veränderungen von Vorgabezeiten, die bei anderen Arbeitsmethoden, bei technischorganisatorischen Änderungen, bei wesentlicher Änderung der Stückzahl oder im Falle offensichtlicher Vorgabezeitberechnungsfehler zulässig sind,*
- *Bestimmungen zur Beschäftigung nach einem anderen Entlohnungsgrundsatz,*
- *Aufbewahrungsrechte von Akkordlohnbelegen,*
- *Einarbeitungsmodalitäten und*
- *die Behebung von Akkordstreitigkeiten.*

9.2.2 Vorgabezeiten

Im Akkord werden die den bearbeiteten Stückzahlen entsprechenden Vorgabezeiten vergütet. Die Vorgabezeiten müssen für jede Produktart und jeden Arbeitsgang gesondert ermittelt werden. Vorgabezeiten lassen sich entweder mit Hilfe analytischer oder synthetischer Verfahren bestim-

---

[105] Vgl. Schmierl, K., Umbrüche in der Lohn- und Tarifpolitik, Frankfurt, 1995, S. 66.

men[106]. Bei dem analytischen Verfahren wird von gemessenen Istzeiten ausgegangen, die mit Hilfe »geschätzter« Leistungsgrade in Vorgabezeiten umgerechnet werden. Der Aufwand für die Vorgabezeitermittlung ist vergleichsweise hoch, da bei Produkt- und/oder Arbeitssystemwechseln für jeden Arbeitsgang gesonderte Istzeiten bestimmt werden müssen.

Bei den synthetischen Verfahren werden die Vorgabezeiten aus Systemen vorbestimmter Zeiten, den sogen. 'Elementarbewegungen', zusammengesetzt[107]. Im Vergleich zum analytischen Verfahren läßt sich dadurch eine Aufwandsreduzierung erreichen. Da der Betriebsrat am Standort Bocholt keine synthetischen Verfahren zur Vorgabezeitermittlung akzeptiert, sofern sie zur Entlohnung herangezogen werden, läßt sich von der Aufwandsreduzierung derzeit kein Gebrauch machen.

Die für einen Fertigungsauftrag insgesamt zugemessene Vorgabezeit wird nach Refa als Auftragszeit bezeichnet. Sie setzt sich aus der Ausführungs- und Rüstzeit zusammen[108]. Die Rüstzeit (t_r) enthält alle Teilzeiten, die der Vorbereitung der auszuführenden Arbeit zur Einrichtung der verwendeten Betriebsmittel und deren Rückversetzung in den ursprünglichen Zustand dienen. Die Ausführungszeit (n x t_e) enthält alle Teilzeiten, die durch die auszuführende Arbeit verursacht werden und ist proportional zur erarbeiteten Stückzahl (n).

Die Zeitstudie mit der Stoppuhr ist am Standort Bocholt eine Methode zur Festlegung von Vorgabezeiten. Obwohl ihre praktische Bedeutung abnimmt, ist sie Bezugspunkt für andere Methoden der Datenermittlung. In der Regel werden zwei verschiedene Methoden unterschieden:

1. *Das Messen von Istzeiten mit gleichzeitiger Beurteilung des Leistungsgrades. Diese Methode ist unter dem Begriff 'Zeitaufnahme' oder 'Zeitstudie' bekannt und dient zur Ermittlung von Vorgabezeiten im Akkordlohn, wobei neben der Ermittlung der Istzeit der Leistungsgrad beurteilt wird. Die Vorgabezeiten werden in der Praxis von den Akkordlöhnern unterschritten, so daß sie eine Verdienstchance beinhalten.*

2. *Das Messen von Istzeiten bei störungsfreiem Fertigungsdurchlauf. Hierbei werden ausschließlich Istzeiten gemessen, ohne daß ein Leistungsgrad beurteilt wird. Diese Methode dient in der Regel zur Ermittlung von Sollzeiten bei der Prämienentlohnung. Für die Einhaltung oder die teilweise Einhaltung wird der Prämienendlohn gezahlt.*

Im ersten Fall stellt sich die Frage, wie hoch der Leistungsgrad einzuschätzen ist. In diesem Zusammenhang nehmen die Tarifvertragsparteien und der Refa-Verband für sich in Anspruch, eine Grundlage zu liefern. Daher werden an dieser Stelle beide Definitionen zur 'Bezugsleistung' bzw. 'Normalleistung' angeführt:

Tarifvertrag[109] :

„*Bezugsleistung ist die im Zeitfaktor zugrunde gelegte Mengenleistung des Arbeitnehmers. Sie ist so festzusetzen, daß der Akkordarbeiter bei menschengerechter Gestaltung der Soll-Arbeitsbedingungen nach Einarbeitung ohne Rücksicht auf Geschlecht, Alter und tägliches Schwanken der Arbeitsleistungsfähigkeit wie des Arbeitsergebnisses ohne gesteigerte Anstrengung den Akkordrichtsatz seiner Lohn- oder Arbeitswertgruppe erreichen kann.*"

---

[106] Vgl. Refa, Methodenlehre des Arbeitsstudiums, Teil 2, Datenermittlung, a.a.O., S. 65 ff.
[107] Vgl. Pitter A., a.a.O., S. 83 ff.
[108] Vgl. Refa, Methodenlehre des Arbeitsstudiums, Teil 2, Datenermittlung, a.a.O, S. 68 ff.
[109] Vgl. Manteltarifvertrag, Metallindustrie.

Refa Methodenlehre-Teil 2[110]:

„Unter Refa-Normalleistung wird eine Bewegungsausführung verstanden, die dem Beobachter hinsichtlich der Einzelbewegungen, der Bewegungsfolge und ihrer Koordinierung besonders harmonisch, natürlich und ausgeglichen erscheint. Sie kann erfahrungsgemäß von jedem im erforderlichen Maße geeigneten, geübten und voll eingearbeiteten Arbeiter auf die Dauer und im Mittel der Schichtzeit erbracht werden, sofern er die für persönliche Bedürfnissen und ggf. auch für Erholung vorgegebenen Zeiten einhält und die freie Entfaltung seiner Fähigkeiten nicht behindert wird."

Der Tarifvertrag definiert die Leistung als Mengenleistung und nicht als Erscheinung von Bewegungsabläufen. Beide Definitionen sind problematisch, da sie Interpretationsspielraum offen lassen. Obwohl die rechtliche Festlegung im Tarifvertrag gültig ist, werden die Vorgabezeiten in den Betrieben unter Berücksichtigung der Refa-Methodenlehre ermittelt.

Nach der Definition ist die Refa-Normalleistung daran zu erkennen, daß die Koordination von Bewegungsabläufen natürlich und ausgeglichen erscheint. Der Leistungsgrad ist getrennt nach Intensität und Wirksamkeit des Bewegungsablaufes zu beurteilen. Intensität und Wirksamkeit werden vom Refa-Verband wie folgt definiert[111,112]:

„Die Intensität äußert sich in der Bewegungsgeschwindigkeit und Kraftanspannung der Bewegungsführung." und *„Wirksamkeit ist ein Ausdruck für die Güte der Arbeitsweise der Arbeitsperson. Die Wirksamkeit ist daran zu erkennen, wie geläufig, zügig, beherrscht, harmonisch, sicher, unbewußt, ruhig, zielsicher, rhythmisch, locker gearbeitet wird."*

Diese Formulierungen machen deutlich, daß es bei der Beurteilung von Leistungsgraden um eine lohnpolitische Entscheidung über die Höhe der Verdienstchance geht. Es gibt keinen Beweis dafür, daß eine Normalleistung existiert. Daher treten bei der Festlegung der Normalleistung die gegensätzlichen Interessen von Betrieb und Mitarbeitern zutage. Angesichts der Kritik an der Leistungsgradbeurteilung zeichnet sich ab, daß die zweite Methode[113] in Zukunft mehr Bedeutung gewinnt.

9.2.3 Kostenrechnung

In der Ist- und Normalkostenrechnung stellen die Akkordlöhne eine besondere Kostenart dar, da sie auf Vorgabezeiten basieren, und insofern Plankosten sind. Zugleich sind sie Istkosten, da abgesehen von Zusatzlöhnen und Überzahlungen, bei Akkordarbeiten stets die den erarbeiteten Vorgabeminuten entsprechenden Löhne vergütet werden. Eine Veränderung der Leistungshergabe der Mitarbeiter führt bei der Akkordentlohnung zu keinen Kostenabweichungen[114]. Dieser Zusammenhang ist in Abbildung 56 dargestellt. Die Lohneinzelkosten berechnen sich für den dargestellten Fall zu:

$$Lohneinzelkosten = \frac{Vorgabezeit \times erarbeitete\ Stückzahl.}{Einheit\ der\ Vorgabezeit} \times \frac{Stundenverdienst\ der\ Lohngruppe}{60\ Min.}$$

$$= \frac{103\ Min. \times 1368\ St.}{100\ St.} \times \frac{16,78\ DM}{60\ Min.} = 394,06\ DM$$

---

[110] Refa, Teil 2, Datenermittlung, a.a.O., S. 136.

[111] Refa, Teil 2, Datenermittlung, a.a.O., S. 129.

[112] Refa, Teil 2, Datenermittlung, a.a.O., S. 130.

[113] Messung von Istzeiten ohne Leistungsgradbeurteilung.

[114] Vgl. Kilger, W., a.a.O., S. 103.

Mit Hilfe der im Fertigungsdatenblatt hinterlegten Daten, der aktuellen Lohngruppentabelle und der erarbeiteten Stückzahl lassen sich die Kosten der Akkordlohnpositionen ermitteln. Auf den Akkord-lohnbelegen wird nicht die real verbrauchte Zeit für die Tätigkeiten festgehalten. Dadurch ist die Ermittlung von Leistungsgraden unmöglich. Erst mit Kenntnis der betrieblichen Anwesenheitszeit lassen sich Rückschlüsse auf die Leistungsgrade im Akkord ziehen. Auf die Entgelthöhe hat der Leistungsgrad keinen Einfluß, da stets der errechnete Betrag ausbezahlt wird. Daher hat die Lei-stungsgradermittlung für den Mitarbeiter und den Betrieb eine reine Kontrollfunktion.

Aus betriebswirtschaftlicher Sicht sind die Kosten für Akkordlöhne problematisch, da die Vorgabe-zeiten subjektiv ermittelt werden. Sind die Vorgabezeiten zu großzügig bemessen werden die Plankostenansätze in den Fertigungsdatenblättern über die Löhne ausbezahlt (Istkosten).

Abbildung 56: Berechnung von Akkordverdiensten

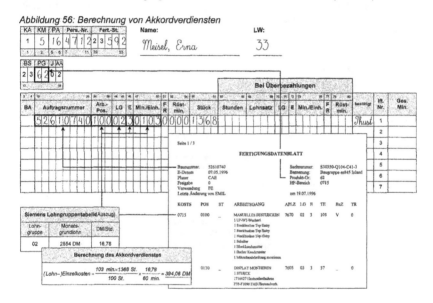

9.2.4 Leistungsgrade im Akkord

Die durchschnittlichen Leistungsgrade im Akkord sind von Betrieb zu Betrieb unterschiedlich hoch. In der Mehrzahl der Betriebe liegen die Akkordlöhne in einem Bereich zwischen 130 und 150%[115].

Eine Empfehlung für die Höhe der durchschnittlichen Leistungsgrade ist weder in der Refa-Literatur noch im Tarifvertrag zu finden. In den Tarifverträgen sind jedoch Mehrleistungsunter-gren-zen für die Leistungslohnformen angegeben. Nach dem Metall-Tarifvertrag für Nordrhein Westfa-len müssen die Leistungsgrade im betrieblichen Durchschnitt mindestens 116% betragen. Diese Anforderung ließe sich erfüllen, wenn die im Einzelfall erreichten Leistungsgrade innerhalb einer Bandbreite von 100 bis 132% zufällig verteilt wären.

Liegen die durchschnittlich erreichten Leistungsgrade in einem Betrieb über 130%, sind aufgrund der rechtlichen Randbedingungen wenig Handlungsalternativen möglich. Denkbar wären pau-schale Vorgabezeitkürzungen, die jedoch rechtlich ausgeschlossen sind. Daher stellt sich die Fra-

---

[115] Vgl. Schmierl, K., a.a.O., S. 130.

ge, ob andere Lohnformen die betriebliche Kostensituation verbessern können, indem die Leistung bei gleichen Lohnkosten gesteigert oder bei gleicher Leistung die Lohnkosten gesenkt werden.

9.2.5 Flexibler Mitarbeitereinsatz

Im traditionellen Akkordlohn ist kein Element zur Entlohnung individueller Einsatzflexibilität verankert. Das Einzelakkordlohnsystem, wie es am Standort Bocholt zum Einsatz kommt, entlohnt die mit komplexen, flexiblen Fertigungstechnologien erforderliche Einsatzflexibilität unzureichend.

Der Einzelakkord sichert denjenigen Mitarbeitern einen hohen Verdienst, die mit ihrer Arbeit »vertraut« sind. Daher läßt sich ein hohes Entgelt erreichen, wenn die Akkordlöhner mit Routinetätigkeiten beschäftigt werden. Ein häufiger Tätigkeitswechsel verhindert, daß Spezialwissen aufgebaut wird, so daß mit dem Beherrschen mehrerer Arbeitsgänge die Mengenleistung sinkt. Dies bedeutet gleichzeitig Lohneinbußen für die Mitarbeiter.

In diesem Zusammenhang bietet die Akkordverfahrensrichtlinie eine Lösung. Nach dieser rechtlichen Festlegung müssen die Mitarbeiter für die Einarbeitungszeit mit dem Durchschnittsstundenverdienst des Vormonats bezahlt werden. In diesem Fall wird der Stundenverdienst des Vormonats für die Einarbeitung auf den aktuellen Monat »überwälzt«. Da der Durchschnittsverdienst von dem Leistungsgrad früherer Akkordtätigkeiten abhängig ist, wird dieses Phänomen im weiteren Verlauf als 'Leistungsgrad-Überwälzungsprinzip' bezeichnet.

Sofern der Überverdienst[116] im Vormonat 50% betragen hat, so wird er für die Einarbeitungszeit gewährt. In der Praxis wird die Tätigkeit mit einer Stundenüberzahlung abgerechnet, wodurch der Leistungsanreiz des Einzelakkords aufgehoben wird. Treten bei Akkordarbeit Ereignisse ein, die einen Akkordlöhner ohne sein Verschulden an der Entfaltung seiner Leistungsfähigkeit hindern, so wird ihm für die betreffende Zeitdauer der Durchschnittsverdienst des Vormonats (DSV) gezahlt. Gründe für die Gewährung des DSV sind neben Einarbeitungszeiten Fertigungs- und Werkstoffschwierigkeiten, außerplanmäßige Produktgestaltung, außerplanmäßige Materialeigenschaften, Stillstandszeiten infolge von Anlagenstörungen und fehlerhafte Vorgabezeiten.

Problematisch sind die Zeiten, in denen die Akkordlöhner über Zeitlohn abgerechnet werden. In diesen Fällen liegt eine Beschäftigung nach einem anderen Entlohnungsgrundsatz vor. Diese Zeiten werden den Mitarbeitern ebenfalls mit dem Durchschnittsverdienst des Vormonats vergütet. Für Zeitlohntätigkeiten gilt wie für Einarbeitungszeiten das Leistungsgrad-Überwälzungsprinzip.

- *Die Problematik der Zeitlohntätigkeiten ist zweischichtig. Zum einen ist der Leistungsanreiz aufgelöst, weil stets der Durchschnittsverdienst des Vormonats bezahlt wird. Zum anderen besteht erhebliches Manipulationspotential, da Akkordlohntätigkeiten relativ einfach (und fast nicht kontrollierbar) über Zeitlöhne abgerechnet werden können.*

Dieser Zusammenhang ist in Abbildung 57 dargestellt. Zunächst wird angenommen, daß ein Mitarbeiter im Monat '1' seine gesamte betriebliche Anwesenheitszeit mit Akkordtätigkeiten verbringt. Im zweiten Monat fallen Zeitlohntätigkeiten an, die mit dem Durchschnittsverdienst des ersten Monats bezahlt werden. Da in diesem Fall der Durchschnittsstundenverdienst maßgeblich vom erreichten Leistungsgrad des Monat '1' abhängig ist, wird der Leistungsgrad überwälzt.

---

[116] Abweichung des Durchschnittsstundenverdienstes vom Grundentgelt.

98

Wird der Zeitbedarf für Zeitlohntätigkeiten im zweiten Monat zusätzlich erhöht, verändert sich die Gewichtung von Akkord- und Zeitlohntätigkeiten. Da die betriebliche Anwesenheitszeit konstant bleibt, sinkt der Zeitbedarf für die Akkordtätigkeiten, wodurch sich der Leistungsgrad erhöht. Der Durchschnittsstundenverdienst des Monat ´2´ wird aus den gewichteten Zeit- und Akkordtätigkeiten ermittelt, der insgesamt wiederum im Monat ´3´ für die Zeitlohntätigkeiten wirksam wird. An dem Beispiel läßt sich nachvollziehen, daß ein Akkordlöhner in der Lage ist seinen Verdienst auf vergleichsweise hohem Niveau *»frei«* zu steuern. Nach einem *»ungeschriebenen Gesetz«* betragen die Überverdienste am Standort Bocholt rund 50%.

Abbildung 57: Leistungsgrad-Überwälzungsprinzip bei Akkordlohn

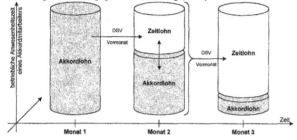

Beispiel: Ein Akkordlöhner arbeitet die Hälfte seiner Zeit im Akkord und die andere Hälfte im Zeitlohn. Er erwirtschaftet im aktuellen Monat einen Leistungsgrad von 130% im Akkordlohn und erreichte im letzten Monat einen Überverdienst von 50%. Für den Mitarbeiter errechnet sich im aktuellen Monat ein Überverdienst von:

$$\ddot{U}berverdienst = (130\% \times 0,5 + 150\% \times 0,5) - 100\% = 40\%.$$

Erhöht der Mitarbeiter die auf Zeitlohn entfallende Zeit um 10% hat dies zwei Auswirkungen. Obwohl sich die betriebliche Anwesenheitszeit des Mitarbeiters nicht erhöht, verändert sich die Gewichtung von Zeitlohn- und Akkordtätigkeiten. Darüber hinaus verhält sich der Leistungsgrad umgekehrt proportional zur verbrauchten Zeit. Daher ergibt sich ein Überverdienst von:

$$\ddot{U}berverdienst = \left(\frac{130\% \times 0,5}{0,45} \times 0,45 + 150\% \times 0,55 \right) - 100\% = 47,5\%.$$

Legt man eine betriebliche Anwesenheitszeit des Mitarbeiters von 100 Std. zu Grunde, dürfte es in der Praxis leicht fallen statt 50 Std. im Zeitlohn 55 Std. abzurechnen. Dies gilt um so mehr, wenn auf den Akkordlohnbelegen keine Bearbeitungszeiten festgehalten werden. Eine wirksame Kontrolle der Zeiten ist jedoch unmöglich, da die Zeiten durch die Einrichter zu ungenau erfaßt werden (Zeitlöhne).

Die Manipulationsgefahr und der Effekt der Leistungsgradüberwälzung sind getrennt zu betrachten. Beide Effekte überlagern sich jedoch. Die Manipulation zahlt sich mehrfach aus, da sich geldwerte Vorteile im aktuellen Monat und in den Folgemonaten ergeben, wenn wiederum Zeitlohntätigkeiten anfallen. Eine Durchbrechung der Leistungsgradüberwälzung ist möglich, wenn der Akkordlöhner die gesamte betriebliche Anwesenheitszeiten in einem Monat mit Akkordtätigkeiten verbringt.

9.2.6 Mischlohnabrechnung: Akkord- und Zeitlohn

Um die beschriebene Situation zu belegen, ist in Abbildung 58 ein Beispiel dargestellt. Dabei handelt es sich um einen Mitarbeiter der im Akkordlohn beschäftigt wird. Der Mitarbeiter war im August *144,5 Std.* im Betrieb anwesend und hat hiervon *128,5 Std.* Zeitlohntätigkeiten ausgeführt, für die er mit dem Durchschnittsverdienst von *25,34 DM* aus dem Vormonat (Juli) bezahlt wurde. Weitere *16,0 Std.* hat der Mitarbeiter im Akkord gearbeitet, wobei diese Zeit mit dem Durchschnittsstundenverdienst bewertet wurde, da Fertigungsschwierigkeiten vorlagen[117].

Da die Überverdienste in den Vormonaten in gleicher Höhe lagen, kann davon ausgegangen werden, daß der Mitarbeiter bereits sein gewünschtes Lohnniveau erreicht hat. Darüber hinaus läßt sich zeigen, daß der Überverdienst und damit die Leistungsgrade der Vormonate auf die gesamte betriebliche Anwesenheitszeit des aktuellen Monat (August) überwälzt wurde. Da das Entgelt für den Monat August unabhängig von der Leistung des Mitarbeiters gezahlt wurde, bestand den Monat über kein monetärer Leistungsanreiz.

Abbildung 58: Probleme des Einzelakkords an einem Beispiel

Bruttoverdienstübersicht   Monat/Jahr 08/97   Blatt-Nr. 1

Zeilen-Nr.	Kennung	Auftragsnummer	Los-Nr./Pos.	Abr.-Pos.	Fertigungs-stelle/bewid. Kostenstelle	gelieferte Menge	Vorgabe je Einheit	Gesamtzeit Std.	Gesamtzeit verbr. Stunden	Tage Tagessatz Geldfaktor	Lohnsatz Tagesatz Geldfaktor
1	08 03240 11	23 54 02 52611950	050	023 592		122:00 03	3 71:00	866:20	16:00	25:34	405:44
2	08 10300 K1	23 590 9 590S6225	000	023 590	Zeitlohn				8:50	25:34	216:39
3	08 10300 K1	23 590 9 590S6225	000	023 590	Zeitlohn				1:00	25:34	26:34
4	08 10300 K1	23 690 9 590S6225	000	023 590	Zeitlohn				17:00	25:34	430:78
5	08 10300 K1	23 590 9 590S6225	000	023 590	Zeitlohn				17:00	25:34	430:78
6	08 10300 K1	23 590 9 590S6225	000	023 590	Zeitlohn				34:00	25:34	861:56
7	08 10300 K1	23 592 9 740R6225	000	023 592	Zeitlohn				17:00	25:34	430:78
8	08 10300 K1	23 592 9 740R6225	000	023 592	Zeitlohn				17:00	25:34	430:78
9	08 10300 K1	23 592 9 740R6225	000	023 592	Zeitlohn				17:00	25:34	430:78
	08 49600				Einarbeitungsstunden				4:25		0:00
	08 43043				Fortzahlung Urlaub				8:75	25:33	221:67
	08 43745				Ausgleich Urlaub				8:75	9:44	56:37
	08 43746				Zusätzliche Urlaubsvergütung				8:75	30:77	139:02

Callout: Verdienste entsprechen Lohngruppe 9<x<11
Callout: Geringer Anteil an Akkordlohnstunden
Callout: Zeitlohnstunden werden mit dem Stundenverdienst des Vormonats bezahlt

Monat/Jahr	Durchschnitts-stundenverdienst	Durchschnitts-Akkordverdienst	Durchschnitts-stunden	Akkordstunden	Zeitlohnstunden	Bezahlte Fehlzeiten	Stunden	Beträge
08/97	25:24		100,00	18:00	128:50	8:75	144:50	3661:63
07/97	26:34	25:13	149,70	Basen				
06/97	22:45	25:46	131,74	DSV-8				
05/97	25:22	25:23	150,34	%-Mehrverdienst 51,01				

Callout: Leistungsgrade um 150% über Monate

9.2.7 Lösungsansätze

Um die Manipulation von Arbeitszeiten zu verhindern bietet sich als Gegenmaßnahme die verstärkte Kontrolle an. Damit die erforderliche Zeiterfassungsgenauigkeit erreicht werden kann, wäre es jedoch erforderlich, die Prozeßkette zur Lohndatenerfassung zu ändern.

9.3 Prämienlohn

Der Vorteil des Prämienlohns liegt darin, daß sich ein Teil der Zeitlohntätigkeiten in die Prämie integrieren lassen. Oftmals wird eine Prämiengruppe nach dem Ist-Nutzungsgrad einer Anlage bezahlt. Hierzu ist die Prämienendleistung zu ermitteln, bei der der Prämienendlohn erreicht wird. Im einfachsten Fall bestimmt sich die Prämienendleistung aus der gemessen Istzeit bei störungsfreiem Fertigungsdurchlauf.

---

[117] Überzahlung mit Stunden.

Die Entgelthöhe wird von den auszuführenden Tätigkeiten entkoppelt, wie sie im Fertigungsdatenblatt hinterlegt sind. Ob Akkord- oder Zeitlohntätigkeiten zur Erreichung der störungsfreien Produktion erforderlich sind, hat keinen Einfluß auf die Entgelthöhe. Zudem können Ziele der Betriebsleitung nach einer optimalen Anlagennutzung und die Ziele der Mitarbeiter[118] in Einklang gebracht werden. Daher kann bei Einrichtung von Prämiensystemen eine Zielkonformität zwischen Belegschaft und Betriebsleitung erreicht werden[119]. Darüber hinaus reduziert sich der Kontrollaufwand durch die Selbstdisziplinierung infolge des Gruppeneffektes.

9.3.1 Probleme der Prämienentlohnung

Beim Prämienlohn ist das Leistungsgrad-Überwälzungsprinzip gültig. Im Gegensatz zum Akkordlohn sind die prämienfremden Tätigkeiten betroffen. Die prämienfremden Tätigkeiten können jedoch Zeitlohntätigkeiten darstellen.

In Abbildung 59 ist der Sachverhalt dargestellt. Nach der Abbildung verbringt ein Prämienlöhner im Monat ´1´ seine gesamte betriebliche Anwesenheitszeit in einer Prämiengruppe. Hierfür erhält er den Prämienlohn, der sich durch den erreichten Leistungsgrad seiner Gruppe ergibt. Im Monat ´2´ fallen Zeitlohntätigkeiten an, die teilweise zu den Aufgaben der Prämiengruppe zählen, und daher durch die Prämienentlohnung abgegolten sind. Demzufolge wird der Prämienlöhner kein Interesse daran haben, den Zeitbedarf für die integrierten Zeitlohntätigkeiten »künstlich« zu verlängern, da er dadurch den Leistungsgrad seiner Gruppe reduzieren würde.

Für prämienfremde Tätigkeiten wird der Prämienlöhner mit dem Durchschnittsstundenverdienst des Vormonats entlohnt. Der Durchschnittsstundenverdienst basiert jedoch auf dem Leistungsgrad der Prämiengruppe. Hierdurch vermindert sich die Manipulationsgefahr, da der Leistungsgrad des einzelnen Mitarbeiters eine geringere Auswirkung auf die Prämienhöhe hat. Sofern die Anwesenheitszeiten als ein Element in den Prämienalgorithmus eingehen, verliert sich die Einzelmanipulation in der Gruppe.

Abbildung 59: Leistungsgrad-Überwälzungsprinzip bei Prämienlohn

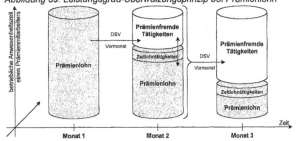

9.3.2 Flexibler Mitarbeitereinsatz

Ein Problem für den Prämienlohn stellt der flexible Mitarbeitereinsatz dar. Wie die Akkordlöhner, werden die Prämienlöhner - je nach Bedarf - zu verschiedenen Tätigkeiten außerhalb der Prämiengruppe eingesetzt. Diese Tätigkeiten werden als prämienfremde Tätigkeiten bezeichnet.

---

[118] Hohes Entgelt.
[119] Vgl. Refa, Den Erfolg vereinbaren, Führen mit Zielvereinbarung, München, 1995, S. 99 ff.

Die Höhe dieser Zeit läßt sich nachweisen, wenn man die betriebliche Anwesenheitszeit mit den verbuchten Anwesenheitszeiten in den Prämiengruppen vergleicht. So betrug der Anteil an prämienfremden Stunden für die Montage-Prämiengruppe 'SLT2' im Monat Mai im Durchschnitt rund 40%. Demzufolge wurden jedem Mitarbeiter statistisch 40% der betrieblicher Anwesenheitszeit mit dem Durchschnittsstundenverdienst des Vormonats entgolten.

Die prämienfremden Zeiten sind problematisch, da keine nachprüfbare Arbeitsleistung entgegen stand. Daher gilt:

- *Für die prämienfremden Tätigkeiten gilt das Leistungsgrad-Überwälzungsprinzip. Der Leistungsanreiz für prämienfremde Tätigkeiten ist aufgelöst, weil unabhängig von der tatsächlich erbrachten Leistung der Durschnittsstundenverdienst des Vormonats bezahlt wird.*

9.3.3 Lösungsansätze

Während die Probleme des Akkordlohnes strukturell bedingt sind, haben die Probleme des Prämienlohnes eine organisatorische Ursache. Daher bestehen beim Prämienlohn verschiedene Reaktionsmöglichkeiten.

9.3.3.1 Unterbesetzung von Prämiengruppen

Der auf prämienfremde Zeiten entfallende Anteil läßt sich dadurch reduzieren, daß die Prämiengruppen unterbesetzt werden. Bei einer Unterbesetzung orientiert sich die Personalbemessung einer Prämiengruppe an der Beschäftigungsuntergrenze. Insofern wären für die Mitarbeiter der Prämiengruppe - zumindest theoretisch - stets Beschäftigungen im ausreichenden Maße vorhanden. Wird gleichzeitig eine Arbeitsanweisung zum Beschäftigungsverbot in anderen Bereichen erlassen, ließen sich prämienfremde Tätigkeiten auf ein Minimum reduzieren.

Da die Grundbeschäftigung durch die Kapazität der Prämienmitarbeiter abgedeckt wird, bietet sich der Einsatz von 'Springern' an. Da sie kurzzeitig in der Prämiengruppe verbleiben, können sie nicht an der Prämienentlohnung teilhaben. Aus diesem Grund wäre es naheliegend, sie im Zeitlohn zu beschäftigen. In diesem Fall würde sich das Entgelt der Springer in gleicher Größenordnung bewegen wie die der Prämienlöhner. Dies wäre unhaltbar, da die Springer über ein höheres Qualifikationsniveau und mehr Einsatzflexibilität verfügen müssen. Daher sollten die Springer eine Leistungszulage erhalten, die sich an ihrer persönlichen Einsatzflexibilität orientiert. Je mehr Berufsbilder[120] ein Springer beherrscht, desto höher sollte seine Zulage sein. Diese Lohnform wird als Polyvalenzlohn bezeichnet, da sich die Höhe der Zulage ausschließlich nach der Einsatzflexibilität richtet[121].

9.3.3.2 Mischprämienkonzept

Ein Problem der Unterbesetzung von Prämiengruppen ist, daß sich die Kenntnisstände der Mitarbeiter polarisieren. Die Prämienmitarbeiter werden an ihre Prämiengruppe »angebunden«, während anderseits eine Gruppe von Springern entsteht, die über eine hohe Flexibilität und ein hohes Qualifikationsniveau verfügen. Die Unterbesetzung bedeutet, daß der bereits praktizierte flexible Mitarbeitereinsatz stark eingeschränkt wird.

---

[120] SMD-Maschinenführer, Optocontrol, Montierer, Packer, ...
[121] Vgl. Kapitel 3.1.4.

Daher bietet sich als Alternative das 'Mischprämienkonzept' an. Nach dem Mischprämienkonzept können die Mitarbeiter beliebig flexibel zwischen den Prämiengruppen wechseln, ohne daß ihr Leistungsanreiz aufgehoben wird. Der Mischprämienprozentsatz berechnet sich aus den zeitlich gewichteten Prämienprozentsätzen der einzelnen Prämiengruppen, dividiert durch die in Summe angefallenen Prämienstunden eines Mitarbeiters. Es liegt folgender Berechnungsalgorithmus zu Grunde:

$$\varnothing PP = \frac{\displaystyle\sum_{n=1}^{N} Std.\_n \times PPn}{\displaystyle\sum_{n=1}^{N} Std.\_n} = \frac{Std.\_1 \times PP1 + Std.\_2 \times PP2 + ... + Std.\_N \times PPN}{Std.\_1 + Std.\_2 + ... + Std.\_N}$$

$\varnothing PP$: Durchschnittlicher Prämienprozentsatz
PPn: Prämienprozentsatz der Gruppe n
$Std.\_n$: Kumulierte Prämienstunden in Gruppe n.

Die Ermittlung des individuellen Prämienprozentsatzes erfolgt verursachungsgerecht aus den gewichteten Gruppenleistungsgraden in denen der Prämienlöhner gearbeitet hat.

In Abbildung 60 ist ein Beispiel zum flexiblen Mitarbeitereinsatz dargestellt. Ein Mitarbeiter wird zunächst in der Prämiengruppe G01 am Arbeitssystem 1 beschäftigt. Nach einer bestimmten Zeit verlegt er seine Tätigkeit aufgrund des Beschäftigungsanfalls in Prämiengruppe G02 und arbeitet dort am Arbeitssystem 2. Anschließend wechselt er zur Prämiengruppe G03 und zu Prämiengruppe G04, wo er jeweils einen Teil seiner betrieblichen Anwesenheitszeit verbringt. Letztmalig wechselt er von Prämiengruppe G04 zurück nach G02. Da der Abrechnungszeitraum in der Regel einen Monat beträgt, läßt sich im Einzelfall nicht vorhersagen, wie hoch die in den Prämiengruppen verbrachte Zeit ist. Deshalb ist es erforderlich die einzelnen Anwesenheitszeiten in den Prämiensystemen festzuhalten und daraus in der oben beschriebenen Weise einen individuellen Prämienprozentsatz zu ermitteln.

Abbildung 60: Integration der Mischprämienabrechnung in PZE

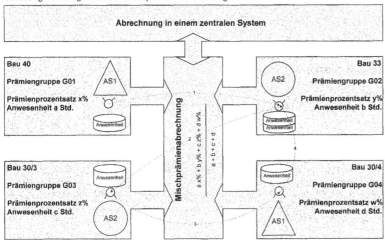

103

9.4 Übergang vom Akkord- oder Zeitlohn zum Prämienlohn

Es ist ein Unterschied, ob der Prämienlohn durch den Akkord- oder Zeitlohn abgelöst wird. Die Mitarbeiter der ersten Gruppe erwarten, daß der Prämienlohn ihren bisherigen Akkordverdienst weiter sichert. Sie werden kaum einsehen, daß die veränderte Form des Leistungslohnes ihren Verdienst reduziert.

In der betrieblichen Praxis liegen die Leistungsgrade der Prämie in der Regel unter denen im Akkord. Durch die Neufestlegung der Leistungsspanne sinken die Verdienstchancen der Mitarbeiter. Aus diesem Grund ist für den Betrieb - unabhängig von der Rechtslage - die bisherig erzielte Entgelthöhe zu berücksichtigen.

Für die Zeitlöhner bedeutet Prämienlohn »fast« immer eine höhere Verdienstchance, selbst wenn die in der Praxis erreichten Prämienprozentsätze niedrig liegen. Während die Akkordlöhner die Einführung des Prämienlohns als Beschneidung ihres Einkommens ansehen, betrachten die Zeitlöhner sie als Steigerung ihres zukünftigen Einkommens. Andererseits müssen die Zeitlöhner ihre Leistung steigern, da die Prämienentlohnung von einer höheren Leistung als Ziel ausgeht.

Zur Akzeptanzförderung des Prämienlohnes bieten sich verschiedene Wege an. Um zwei Wege zu nennen sei hier die Einstufung der Mitarbeiter in eine höhere Lohngruppe[122] und qualitative Veränderungen der individuellen Lohnstruktur angeführt[123].

9.5 Zeitlohn als Alternative zum Prämienlohn

Der reine Zeitlohn wird anforderungsabhängig differenziert. Durch den flexiblen Mitarbeitereinsatz gerät der Einsatz menschlicher Arbeitskraft in Konflikt mit der anforderungsabhängigen Grundlohndifferenzierung. Dies liegt daran, daß eine individuell zurechenbare Aufgabenverteilung und Aufgabenerfüllung mit der Einführung von Gruppenarbeit schwieriger wird[124].

Darüber hinaus bleiben im Zeitlohn die Anreize zur Arbeitseinsatzflexibilität mangelhaft. Wegen des Fehlens von systematisch zur Entgeltfindung erhobenen Daten gelingt zudem die auftragsbezogene Kostenerfassung unzureichend, da eine unmittelbare Abhängigkeit von Leistungshergabe und Lohn nicht gegeben ist. Dem Zeitlohn kommt eine geringe Motivationswirkung und ein mangelnder Leistungsanreiz zu. Damit sind die Chancen der Betriebsleitung gering, kurzfristig die betriebliche Produktivitätsentwickung zu beeinflussen.

9.6 Zusammenfassung

Zusammengefaßt führen die technischen und arbeitsorganisatorischen Gründe über zwei Wege zur Infragestellung des mengenbezogenen Leistungslohnes. Dies sind erstens die betrieblichen Interessen an einer Optimierung des Arbeitsablaufs und zweitens die Interessen der Mitarbeiter, sich bei neuen Technologien mit hohen Anteilen unbeeinflußbarer Zeiten eine Verdienstchance zu bewahren.

In gleichem Maße wie Einzelakkord und Zeitlohn an Bedeutung verlieren, werden die betriebs- und leistungspolitischen Vorteile des Prämienlohnes höher bewertet. Die Ursache liegt vornehmlich in dessen weitreichender Gestaltbarkeit und hohen Anpassungsfähigkeit an einzelbetriebliche Anforderungen.

---

[122] Beispiel: Überführung von Lohngruppe 03 in 08.
[123] Beispiel: Leistungszulage.
[124] Vgl. Bubb, H. und Eiff, W., Innovative Arbeitssystemgestaltung, Köln, 1992, S. 143 ff.

10 Rechnungswesen

Lohndaten sind eine Informationsquelle für das Rechnungswesen. Aus den vorangegangenen Kapiteln gehen Begriffe wie 'Kontierung', 'Kostenstelle', 'Aufwandsart' und 'Kostenträger' hervor, die dem Rechnungswesen zuzuordnen sind. Das Rechnungswesen wird wie folgt definiert[125] :

> *„Als betriebliches Rechnungswesen bezeichnet man die systematische, regelmäßige Aufbereitung und/oder fallweise durchgeführte Erfassung, Aufbereitung, Auswertung und Übermittlung der das Betriebsgeschehen betreffenden quantitativen Daten (Mengen- und Wertgrößen) mit dem Ziel, sie für Planungs-, Steuerungs- und Kontrollzwecke innerhalb des Betriebes sowie zur Information und Beeinflussung von Außenstehenden (z.B. Eigenkapitalgebern, Gläubigern, Gewerkschaften, Staat) zu verwenden."*

Das Rechnungswesen gliedert sich in zwei Bereiche, die als 'externes Rechnungswesen' (Finanz- und Geschäftsbuchhaltung) und 'internes Rechnungswesen' (Kosten- und Leistungsrechnung) bezeichnet werden. Von externer Rechnungslegung wird gesprochen, wenn Informationen an Interessengruppen außerhalb des Betriebes gegeben werden. Wenn die Informationen innerhalb des Betriebes benötigt werden wird, hingegen vom internen Rechnungswesen gesprochen.

Aus diesem kurzen Abriß wird deutlich, daß für die Lohndatenerfassung in erster Linie das interne Rechnungswesen bzw. die Kosten- und Leistungsrechnung, relevant ist. Da in der Fertigung Lohnkosten anfallen, beschränkt sich die weitere Darstellung auf die Kostenrechnung.

10.1 Systeme der Kostenrechnung

In Abbildung 61 sind die Systeme der Kostenrechnung dargestellt. Die 'Art der Kostenrechnung' gliedert sich nach der Kostenarten-, Kostenstellen- und Kostenträgerrechnung. Der 'Umfang der Kostenrechnung' teilt sich in die Voll- und Teilkostenrechnung auf. Wird auf den 'Zeitbezug' abgestellt, ist zwischen Ist-, Normal- und Plankostenrechnung zu unterscheiden.

Verknüpft man die Dimensionen (Art, Umfang, Zeit) der Kostenrechnungssysteme, ergibt sich ein Quader, wie er in Abbildung 61 dargestellt ist. Die Systeme der Kostenrechnung werden von den Betrieben zur Lösung der jeweils vorliegenden Aufgabenstellung betriebsindividuell verknüpft.

Abbildung 61: Systeme der Kostenrechnung

Quelle: Rüth, D., Internes Rechnungswesen Teil 2, Hagen, 1996, S. 10

---

[125] Hummel, S. und Männel, W., a.a.O., S. 4.

10.1.1 Ist-, Normal- und Plankostenrechnung

Die älteste Form der Kostenrechnung wird heute als Istkostenrechnung bezeichnet. Die Iskostenrechnung arbeitet mit den *'Istkosten'*, den bereits angefallenen Kosten der Vergangenheit[126]. Für diese Studie hat die Istkostenrechnung Bedeutung, da die Lohnkosten in der Entgeltabrechnung als Istkosten anfallen.

Hauptziel der Istkostenrechnung ist die Durchführung der Nachkalkulation. Mit Hilfe der Istkostenrechnung läßt sich im nachhinein feststellen, was bestimmte Produkte effektiv gekostet haben. Da die Kostenträger bei der Istkostenrechnung mit den angefallenen Kosten belastet werden, spricht man vom *'Kostenüberwälzungsprinzip'*[127].

Die Istkostenrechnung hat für Unternehmen der Einzelfertigung eine Bedeutung, da sich neue Aufträge aus der Nachkalkulation ähnlicher Aufträge vorkalkulieren lassen. Im Gegensatz hierzu ist die Istkostenrechnung in Betrieben mit Serien- oder Massenfertigung von geringerem Interesse, da die Istkosten kurzfristig schwanken, sich jedoch im Zeitverlauf angleichen. Dadurch relativiert sich die praktische Bedeutung der Istkostenrechnung.

Bei der Normalkostenrechnung wird im Vergleich zur Istkostenrechnung das strenge Prinzip der unmittelbaren Kostenträgerbelastung aufgegeben. In diesem Fall werden die Kostenträger mit *'normalisierten'* Kostensätzen belastet, die sich aus durchschnittlichen Istkosten ergeben. Dabei werden entweder Mittelwerte gebildet oder solche Werte zu Grunde gelegt, von denen angenommen wird, daß sie die zukünftige Kostensituation möglichst genau widerspiegeln (aktualisierte Mittelwerte). Die Normalkostenrechnung eignet sich zur Angebotskalkulation, wenn Preise über einen längeren Zeitraum konstant bleiben[128].

Da Kostenstellen und Kostenträger mit normalisierten Kostensätzen belastet werden, entstehen im Zeitverlauf Über- und Unterdeckungen. Sind die Normalkosten kleiner als die Istkosten, so entsteht eine *'Unterdeckung'*, im umgekehrten Fall eine *'Überdeckung'* (Istkosten > Normalkosten = Unterdeckung, Istkosten < Normalkosten = Überdeckung). Die Über- und Unterdeckungen gehen bei der Normalkostenrechnung erfolgswirksam in das Betriebsergebnis über. Daher ist es erforderlich, Kenntnis von den Über- und Unterdeckungen zu erlangen. Dies gilt insbesonders dann, wenn die kalkulierten Normalkosten aufgrund der Markterfordernisse gesenkt werden müssen.

Im Vergleich zur Istkostenrechnung kann der Normalkostenrechnung ein Rationalisierungseffekt zugesprochen werden, da der gesamte Ablauf der Kostenrechnung erheblich beschleunigt und vereinfacht wird[129]. Eine Normalkostenrechnung kann jedoch eine Istkostenrechnung nicht vollständig ersetzen, da sonst keine Über- und Unterdeckungen im Rahmen der Kontrolle feststellbar sind. Aus diesem Grund ist neben der Normalkostenrechnung eine Istkostenrechnung erforderlich. Sie kann jedoch in größeren Zeitabständen durchgeführt werden.

Das Merkmal einer Plankostenrechnung ist, daß unabhängig von den Istkosten für bestimmte Zeiträume geplante Kosten festgelegt werden[130]. Dabei löst man sich von den vergangenheitsorientierten Istkosten. Damit stellt die Plankostenrechnung eine Weiterentwicklung der Normalkostenrechnung dar. Bei der Plankostenrechnung wird versucht Kostenvorgaben mit Hilfe von technischen Berechnungen, Verbrauchs- und Zeitstudien sowie methodischen Schätzungen abzuleiten. Die Kosten der Plankostenrechnung werden als Plan-, Standard-, Richt-, Vorgabe- oder Budgetkosten bezeichnet.

---

[126] Vgl. Kilger, W., a.a.O., S. 54 f.
[127] Vgl. Kilger, W., a.a.O., S. 55.
[128] Beispiel: Listenpreise.
[129] Vgl. Kilger, W., a.a.O., S. 56 f.
[130] Vgl. Kilger, W., a.a.O., S. 57 ff.

Die Plankostenrechnung führt ebenfalls auf Über- und Unterdeckungen (Istkosten > Plankosten = Unterdeckung, Istkosten < Plankosten = Überdeckung), so daß neben der Plankostenrechnung eine Istkostenrechnung durchgeführt werden muß.

10.1.2 Inhaltlicher Aufbau der Kostenrechnungssysteme

Kostenrechnungssysteme verfügen über die drei Bereiche:

1. *Kostenarten-,*
2. *Kostenstellen- und*
3. *Kostenträgerrechnung.*

Der zugehörige Datenfluß der Kostenrechnung ist in Abbildung 62 dargestellt.

Abbildung 62: Vereinfachte Darstellung der betrieblichen Kostenrechnung

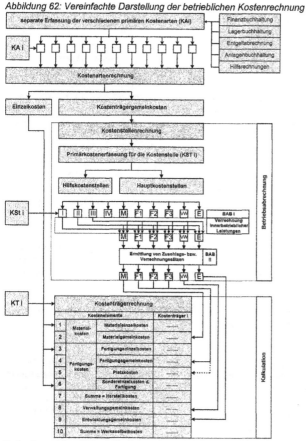

Quelle: Hummel, S. und Männel, W., Kostenrechnung, 4. Auflage, 1993, Wiesbaden, S.130 (modifiziert)

10.1.2.1 Kostenartenrechnung

Die Kostenartenrechnung hat die Aufgabe sämtliche Kosten getrennt nach einzelnen Kostenarten periodengerecht zu erfassen und auszuweisen. Die Kostenarten stammen vorrangig aus der Finanz- und Geschäftsbuchhaltung[131].

Gegen eine direkte Übernahme der Informationen aus der Finanz- und Geschäftsbuchhaltung in die Kostenrechnung sprechen die Periodenerfassung, die neutralen Aufwendungen und Erträge sowie die Zusatz- und Anderskosten. Um die Differenzen zwischen Geschäftsbuchhaltung und Kostenrechnung zu beseitigen wird der Rechnungskreis I (FiBu) in den Rechnungskreis II (Kosten- und Leistungsrechnung) überführt. In diesem Fall werden die periodengerechten und der gewöhnlichen Geschäftstätigkeit entsprechenden Aufwendungen (Grundkosten) in die Kostenrechnung überführt. Ergänzt werden die kalkulatorischen Kosten, die entweder in der Finanzbuchhaltung nicht auftreten (Zusatzkosten) oder mit einem anderen Wert angesetzt werden (Anderskosten).

In der Kostenartenrechnung werden die unterschiedlichen Kostenarten getrennt erfaßt. Der Hauptzweck der Kostenartenrechnung besteht darin, Kostendaten an die Kostenstellen- und Kostenträgerrechnung weiterzuleiten. Während die Einzelkosten den Kostenträgern zugerechnet werden, gehen die Gemeinkosten in die Kostenstellenrechnung ein.

Auf den Zeit- und Prämienlohnbelegen werden die Aufwandsarten erfaßt, die eine Größe des externen Rechnungswesen darstellen. Da die Aufwendungen für Löhne in der Fertigung zu den Grundkosten zählen, entsprechen die Aufwendungen den Kosten. Sofern zusätzlich die Kostenstelle erfaßt wird und die periodische Abgrenzung durch das Hinzufügen des Kalendermonats gegeben ist, sind die Informationen für die Kostenrechnung vollständig. Zeit- und Prämienlöhne gehen über die Kostenartenrechnung in die Kostenstellenrechnung ein (vgl. Abbildung 62).

Akkordlöhne zählen am Standort, zu den Fertigungseinzelkosten. Daher ist es erforderlich, daß der Kostenträger auf den Akkordlohnbelegen festgehalten wird. Praktisch wird hierzu auf den Akkordlohnbelegen die Baunummer als Kostenträger erfaßt. Akkordlöhne gehen über die Kostenartenrechnung in die Kostenträgerrechnung ein (vgl. Abbildung 62).

10.1.2.2 Kostenstellenrechnung

Die Kostenstellenrechnung weist die in Teilbereichen eines Betriebes angefallenen Kosten aus[132]. Dabei versteht man unter Kostenstellen organisatorische Teilbereiche eines Betriebes die selbständig abgerechnet werden. Daher steht die Ermittlung und Verteilung der Kostenarten auf die Kostenstellen im Vordergrund.

Sämtliche Kostenstellen eines Betriebes werden in regelmäßigen Abständen in eine hierarchische Struktur gebracht. Sie bleibt in der Regel über einen längeren Zeitraum konstant und wird in ´Kostenstellenplänen´ festgeschrieben.

Mit Hilfe der Kostenstellenrechnung werden die Gemeinkosten »kanalisiert«. Da die Gemeinkosten in der Regel für mehrere Kostenträger anfallen, lassen sie sich nicht unmittelbar zurechnen. Dabei unterstützt die Kostenstellenrechnung die Zuordnung der Gemeinkosten zu den Kostenträgern. Hierzu wird festgestellt in welcher Höhe die Kostenträger einzelne Kostenstellen beansprucht haben. Daher ist die Kostenstellenrechnung ein Bindeglied zwischen Kostenarten- und Kostenträgerrechnung.

---

[131] Vgl. Hummel, S. und Männel, W., a.a.O., S. 128 ff.
[132] Vgl. Hummel, S. und Männel, W., a.a.O., S. 190 ff.

Im Rahmen der Kostenstellenrechnung, in dessen Mittelpunkt der Betriebsabrechnungsbogen (BAB) steht, werden im ersten Schritt die primären Gemeinkosten aus der Kostenartenrechnung in den BAB übernommen. Der BAB ist eine Tabelle in der zeilenweise die Kostenarten und spaltenweise die Kostenstellen (Hilfs- und Hauptkostenstellen) ausgewiesen werden[133]. Dabei sind primäre Gemeinkosten solche Kosten, die einer Kostenstelle direkt zugeordnet werden können. Da die Hilfskostenstellen für die Hauptkostenstellen tätig sind, werden im zweiten Schritt die Hilfskostenstellen auf die Hauptkostenstellen verrechnet. Durch die Belastung der Hauptkostenstellen mit den Kosten der Hilfskostenstellen ergeben sich die sekundären Gemeinkosten.

10.1.2.3 Kostenträgerrechnung

Die Gesamtkosten der Hauptkostenstellen errechnen sich aus der Summe der primären und sekundären Gemeinkosten. Die in den Hauptkostenstellen aufgelaufenen Kosten stellen die Basis für den dritten Schritt der Betriebsabrechnung dar. Im dritten Schritt werden Zuschlagssätze für die Kalkulation gebildet. Die Zuschlagssätze ergeben sich, indem die ermittelten Kosten der Hauptkostenstellen in Relation zu einer Bezugsgröße gesetzt werden. Dabei variieren die Bezugsgrößen und Zuschlagssätze von Kostenstelle zu Kostenstelle. Da die Bezugsgröße als Maßstab der Kostenverursachung der zugehörigen Hauptkostenstelle zu betrachten ist, führt die Relation der Gesamtkosten einer Hauptkostenstelle und der Bezugsgröße zu einer »annähernd« verursachungsgerechten Belastung der Kostenträger mit den Gemeinkosten der beanspruchten Hauptkostenstellen.

Als letzte Stufe der Kostenrechnung weist die Kostenträgerrechnung die angefallenen Kosten für die einzelnen Kostenträger (Produkte oder Produktgruppen) aus[134]. Die Hauptaufgabe der Kostenträgerrechnung besteht in der Ermittlung von Verkaufspreisen und Preisuntergrenzen. Darüber hinaus bildet die Kostenträgerrechnung die Grundlage für Plan-Ist-Vergleiche.

10.2 Beziehung zwischen der Lohndatenerfassung und dem Rechnungswesen

Analysiert man die Daten auf den Lohnbelegen, zeigt sich, daß ein Großteil der Informationen von der Kostenrechnung benötigt wird. Hierzu zählen insbesonders die Informationen zur Aufwands- bzw. Kostenart, Kostenstelle und zum Kostenträger.

Die Abbildung 63 zeigt die Verbindung zwischen Lohndatenerfassung und dem Rechnungswesen, wie sie derzeit am Standort existiert. Die Lohndatenerfassung in der Fertigung beginnt mit der Ausstellung eines Lohnbeleges für die Mitarbeiter, wie es in der Abbildung durch die ´Organisation zur Zeit- und Leistungsdatenerfassung´ zum Ausdruck kommt.

Lohnbelege werden in der Fertigung am Ort ihrer Entstehung ausgestellt. Dabei ist zwischen den in der Fertigung verwendeten Zeit-, Akkord- und Prämienlohnbelegen zu unterscheiden. Die Lohnbelege enthalten bereits nach ihrer Ausstellung Datenmaterial für die Kostenrechnung. Diese Daten werden über LDE an das Entgeltabrechnungssystem übertragen. Dort werden die Lohndaten weiterverarbeitet, so daß einzelne Kontierungen monetär bewertet werden. Aus den monetär bewerteten Kontierungen lassen sich im Rahmen der sachbezogenen Entgeltabrechnung kostenrechnerische Auswertungen vornehmen.

---

[133] Vgl. Refa, Teil 3, Methodenlehre - Kostenrechnung, Arbeitsgestaltung, München, 5. Aufl., 1976, S. 23 f.
[134] Vgl. Hummel, S. und Männel, W., a.a.O., S. 255 ff.

Dabei ist zu berücksichtigen, daß die Kostenrechnungsinformationen in die Entgeltabrechnung eingespeist werden, jedoch auf die personenbezogenen Entgelthöhen keinen Einfluß haben. Daher werden die Kostenrechnungsinformationen durch die Entgeltabrechnung ausschließlich verwaltet.

Abbildung 63: Beziehung zwischen LDE und dem Rechnungswesen

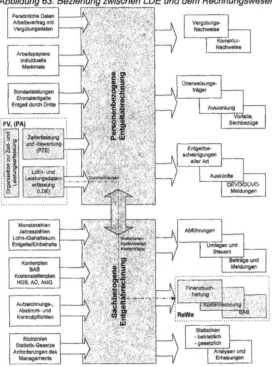

Die Kostenrechnung übernimmt die Lohn- und Gehaltskosten aus der Entgeltabrechnung. Dabei gehen in die Kostenrechnung die Bruttolöhne einschließlich der gezahlten Zuschläge und Zulagen ein. In der Kostenrechnung wird die Kostenerfassung und -aufbereitung nach Kostenarten und -stellen durchgeführt. Hierbei werden die Kosten nach Verantwortungsbereich transparent, kontrollierbar und analysierbar. In einem Soll-Ist-Vergleich lassen sich die in der Planung genehmigten Kosten mit den Istkosten der Lohnabrechnung vergleichen.

Das Entgeltabrechnungssystem hat als Vorstufe der Kostenrechnung die angefallenen Personalkosten nach der Verursachung aufzugliedern. Die auf einzelne Tätigkeiten entfallenden Kosten ergeben sich aus den Urbelegen (Akkord-, Zeit- und Prämienlohnbelege). Folgende Methoden sind möglich[135]:

1. *Erfassung zur Ermittlung der personenbezogenen Entgeltansprüche,*
2. *Auftrags- oder produktbezogene Erfassung für die sachbezogene Entgeltabrechnung oder*
3. *kombiniert.*

---

[135] Vgl. Hentschel, B. und Kolzter, a.a.O., S. 81 f.

110

Am Standort Bocholt wird die kombinierte Erfassung angewandt. Die kombinierte Erfassung ist aus Vereinfachungsgründen (Prinzip der Einmalerfassung) vorzuziehen. Gleichzeitig reduziert sich die Gefahr, daß bezahlte Kosteneinheiten voneinander abweichen. Die konten- und kostenstellenbezogene Erfassung kann durch Kontierungen auf den Lohnbelegen vorgenommen werden.

10.3 Kontierungsaufbau am Standort Bocholt

Tabelle 7 zeigt das Schema zum Aufbau von Kontierungen am Standort Bocholt. Eine Kontierung besteht aus vierzehn Stellen, einem Sechserblock und zwei Viererblöcken. Die Kontierungen sind je nach Verwendungszweck aufgebaut.

Der Kontierungsaufbau beginnt jeweils mit der zweistelligen Betriebsstellenkennziffer. Die drei folgenden Ziffern dienen zur Aufnahme verschiedener Größen, wobei die Skala von der Produktgruppe bis zum Materialkonto reicht. Die letzte Stelle des Sechserblocks kennzeichnet die Auftragsart, deren Vergabe je nach Vorgabe erfolgt. Hinsichtlich der zwei Viererblöcke bestehen Freiheitsgrade.

Bei der Lohnabrechnung in der Fertigung treten vorrangig externe Aufträge (Akkordlohnbelege) und Kostenstellenaufträge (Zeit- und Prämienlohnbelege) auf, die nach dem entsprechenden Schema der Tabelle 7 aufgebaut sind. Aus diesem Grund werden im weiteren Verlauf diese beiden Kontierungsarten betrachtet.

Tabelle 7: Aufbau von Kontierungen

| Verwendungs-zeck | | Sechserblock | | | 1. Viererblock | 2 Viererblock |
	Betriebsstellen-kennziffer (BS)	3. bis 5. Stelle	Auftrags-art		
Externe Aufträge	23	3. und 4. Stelle Produktgruppe 5. Stelle konstant Null	2	Baunummer	
Kostenstellenaufträge	23	3. bis 5. Stelle Kostenstelle	9	interne Differenzierung	Aufwandsart
Zulieferaufträge	23	Kontierungsvergabe durch Auftraggeber	2 und 9	Kontierungsvergabe durch Auftraggeber	
Investitionsvorhaben	23	3. bis 5. Stelle Kostenstelle	B	Kontierungsvergabe durch das Rechnungswesen	
FuE-Vorhaben	23	3. bis 5. Stelle Kostenträger	2	Kontierungsvergabe nach dem PN Kennziffernhandbuch und interner Regelung	
Materialkonten	23	3. bis 4. Stelle Materialkonto 5. Stelle konstant Null	2	Baunummer bzw. interne Regelung	

10.3.1 Kostenstellenaufträge

Ein Großteil der Fertigungslöhne am Standort wird über Kostenstellenaufträge erfaßt. In Abbildung 64 ist der zugehörige Kontierungsaufbau dargestellt, wie er aus der Tabelle 7 hervorgeht.

Die Kontierung des Kostenstellenauftrags beginnt mit der zweistelligen Betriebsstelle. Es folgt die Erfassung der dreistelligen Kostenstelle, in der der Mitarbeiter tätig war. Definitionsgemäß wird die Kontierung durch eine Konstante ergänzt.

Abbildung 64: Kontierungsaufbau für Zeit- und Prämienlöhne

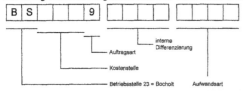

Der zweite Viererblock wird zur Aufnahme der Aufwandsart, einer Größe des externen Rechnungswesen, verwendet. Typische Aufwandsarten, wie sie in der Fertigung verwendet werden, zeigt die Tabelle 8.

Tabelle 8: Aufwandsarten

Aufwandsart	Bezeichnung	Beispiele
6229	Hilfslohn	Transportarbeiten, Reinigen
6240	Ausfallstunden	Wartezeit, Weiterbildung
6221	Platzkosten	Maschinenbedienung
6225	Reparatur	Wartung, Optische Kontrolle

Hinsichtlich des ersten Viererblocks *'interne Differenzierung'* besteht keine Erfassungsanweisung. Daher haben sich in der Fertigung verschiedene Erfassungverfahren durchgesetzt.

Im ersten Fall wird der Viererblock mit Nullen aufgefüllt, während im zweiten Fall eine *'alte Aufwandsart'*[136] erfaßt wird. Im dritten Fall wird die interne Differenzierung dazu genutzt, um eine Liefer-, Fertigungs- und Empfangstelle (LFE-Stelle) zu erfassen, die einen Ort in der Fertigung repräsentiert.

Da eine Kostenstelle mehrere LFE-Stellen umfassen kann, wird eine Diferrenzierung der Kostenstellen vorgenommen. Die LFE-Stelle umfaßt drei Ziffern, so daß zur Auffüllung des Viererblocks zusätzlich ein Buchstabe eingefügt wird. Der Kontierungsaufbau, der für Reparaturarbeiten verwendet wird, ist in Tabelle 5 dargestellt.

Tabelle 5: Kontierung für Reparaturarbeiten

Kontierung	Bezeichnung
23-KST-9-LFE-S-6225	Optische Kontrolle
23-KST-9-LFE-R-6225	Reparatur
23-KST-9-LFE-F-6225	Fehlersuche
23-KST-9-LFE-M-6225	Module tauschen

Darüber hinaus kann die interne Differenzierung nach interner Arbeitsanweisung erfolgen[137]. Seltener werden *'Hauptgruppen der Aufwandsarten'* verwendet, die aus zwei Ziffern bestehen. In diesem Fall werden die zwei Buchstaben *'HA'* hinzugefügt, damit die Viergruppe vollständig ist. In Tabelle 9 sind einige Hauptgruppen der Aufwandsarten dargestellt.

Tabelle 9: Hauptgruppen der Aufwandsarten

HA	Hauptgruppe der Aufwandsarten
60	Aufwendungen für Hilfs- und Betriebsstoffe
61	Aufwendungen für gekaufte und bezogene Leistungen
62	Löhne und Gehälter
63	Soziale Abgaben und Aufwendungen für Altersvers. u. Unterstützung
64	Kapitalaufwendungen, Steuern und Versicherungen
65	Sonstige Aufwendungen für Personal
66	Sonstige Aufw. für Sach- u. Dienstl. sowie anteilige betr. Aufwendungen
69	Aufwandsverrechnung und Aufwandskürzungen

---

[136] Aufwandsart eines ehemals verwendeten Kontenrahmens.
[137] Beispiel: Zur eindeutigen Kennzeichnung von Wartezeiten wurde die Kennung *'WZWZ'* eingeführt, da die verwendete Aufwandsart 6240 (zweiter Viererblock) alle Ausfallzeiten kennzeichnet.

112

10.3.2 Externe Aufträge

Die Abbildung 65 zeigt den Kontierungsaufbau für einen externen Auftrag. Um den Zusammenhang zwischen Kontierungsaufbau und Akkordlohnbeleg nachzuweisen, ist zusätzlich ein Akkordlohnbeleg dargestellt.

Anhand der Abbildung läßt sich nachvollziehen, daß der erste Sechserblock und die zwei Viererblöcke der Kontierung über den Lohnbeleg verteilt sind. Der Sechserblock befindet sich in der zweiten Kopfzeile, während die zwei Viererblöcke zum variablen Teil des Lohnbeleges zählen.

Die ersten zwei Ziffern des Kontierungsaufbaus repräsentieren die Betriebsstelle. Danach schließt sich die Produktgruppe an. Hierbei handelt es sich um eine zweistellige Zahl, die wie die Baunummer im Fertigungsdatenblatt hinterlegt ist. Es folgt als Konstante die Null und die Auftragsart. Abschließend wird die Kostenträgerinformation in Form der achtstelligen Baunummer erfaßt.

Abbildung 65: Beziehung zwischen Kontierung und Akkordlohnbeleg

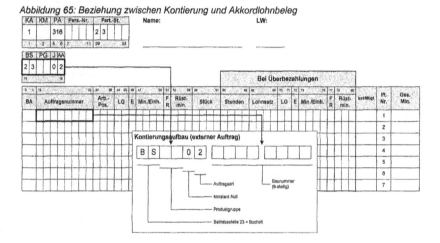

10.4 Beziehung zwischen der Bruttoverdienstübersicht und der Kostenrechnung

Um den Zusammenhang zwischen Entgeltabrechnung und der Kostenrechnung zu erläutern, ist in Abbildung 66 die Beziehung zwischen Bruttoverdienstübersicht und der Kostenrechnung dargestellt. Dabei stellt die Bruttoverdienstübersicht einen Auszug der innerhalb der Entgeltabrechnung ermittelten und verwalteten Informationen dar. Für die Kostenrechnung sind vorrangig folgende Informationen relevant:

1. *Zu belastende Kostenstelle (Arbeitsort),*
2. *Kontierung,*
3. *Bruttoentgeltbetrag,*
4. *Periodenabgrenzung (Monat) und*
5. *Kennungen.*

Aus Kapitel 5 ist hervorgegangen, daß sich die Bruttoverdienstübersicht in zwei Bestandteile gliedert; den Stamm- und Bewegungsdaten. Die Stammdaten werden stets im Entgeltabrechnungssystem erfaßt, wohingegen die Bewegungsdaten aus der Personalzeit- und Lohndatenerfassung stammen.

Anhand der ersten Datenzeile der Bruttoverdienstübersicht läßt sich erkennen, daß für jeden Mitarbeiter in IVIP eine eigene Stammkostenstelle hinterlegt ist. Daher kann generell auf die Erfassung der Stammkostenstelle im Rahmen der Lohndatenerfassung verzichtet werden.

Eine von der Stammkostenstelle abweichende Kostenstelle ist stets zu erfassen, damit die Kostenstellen verursachungsgerecht belastet werden können. In der Praxis bietet sich eine generelle Erfassung der zu belastenden Kostenstelle an, obwohl sie mit der Stammkostenstelle des Mitarbeiters identisch sein kann. Der Vorteil besteht darin, daß dem Aussteller des Lohnbeleges die Stammkostenstelle der Mitarbeiter nicht bekannt sein muß.

Da sich die Kostenstelle bei jeder Tätigkeit ändern kann, zählt sie zu den Bewegungsdaten der Entgeltabrechnung. In der Entgeltabrechnung wird diesem Prinzip durch das sechsstellige Feld *'zu belastende Kostenstelle'* Rechnung getragen (vgl. Bruttoverdienstübersicht). Dieses Feld ist insbesonders für Akkordlohnpositionen relevant, da der Kontierungsaufbau für externe Aufträge keine Erfassung der Kostenstelle vorsieht.

Die auf den Lohnbelegen erfaßten Kontierungen finden sich in der Bruttoverdienstübersicht wieder. Die Lohndaten werden in der Entgeltabrechnung mit den Istkosten, den angefallenen Kosten der Abrechnungsperiode, bewertet. Die Istkosten ergeben sich aus den per LDE erfaßten Daten und den rechtlichen Bestimmungen, die über das Entgeltabrechnungssystem verwaltet werden. Die rechtlichen Bestimmungen verhindern in der Regel eine monetäre Bewertung durch LDE. Eine Ausnahme bilden die Prämienlöhne, die am Standort durch die Prämienprogramme ermittelt werden.

Abbildung 66: Beziehung zwischen Bruttoverdienstübersicht und Kostenrechnung

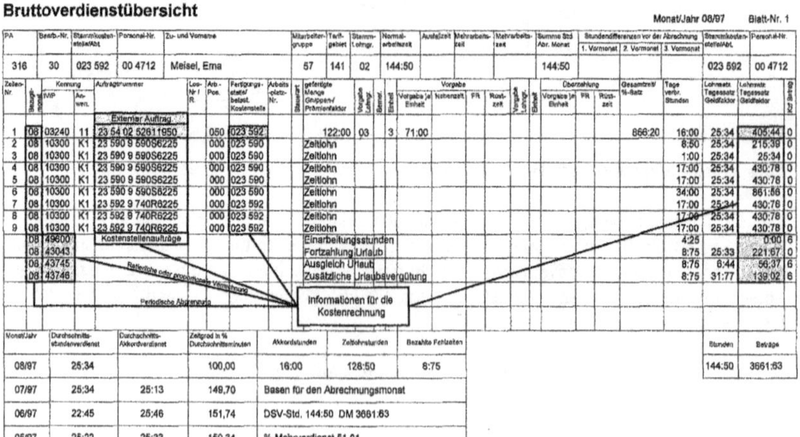

Bruttoverdienstübersicht

Monat/Jahr 08/97 Blatt-Nr. 1

PA	Bearb.-Nr.	Stammkostenstelle/Abt.	Personal-Nr.	Zu- und Vorname	Mitarbeitergruppe	Tarifgebiet	Stamm-Lohngr.	Normalarbeitszeit	Ausfallzeit	Mehrarbeitszeit	Mehrarbeitszeit	Summe Std Abr. Monat	Stundendifferenzen vor der Abrechnung 1. Vormonat	2. Vormonat	3. Vormonat	Stammkostenstelle/Abt.	Personal-Nr.
316	30	023 592	00 4712	Meisel, Erna	57	141	02	144:50				144:50				023 592	00 4712

Zeilen-Nr.	Bezugsmonat	Kennung IVIP	Kennung Anwen.	Auftragsnummer	Los-Nr / R	Arb.-Pos.	Fertigungsstelle/ belast. Kostenstelle	Arbeitsplatz-Nr.	Steuerart	gefertigte Menge Gruppen-/ Prämienfaktor	Vorgabe Lohngr.	Bemerk.	Einheit	Vorgabe: Vorgabe je Einheit	Nebenzeit	FR	Rüstzeit	Vorgabe Lohngr.	Einheit	Überzahlung: Vorgabe je Einheit	FR	Rüstzeit	Gesamtzeit/ %-Satz	Tage verbr. Stunden	Lohnsatz Tagessatz Geldfaktor	Lohnsatz Tagessatz Geldfaktor	Kz Betrag
				Externer Auftrag																							
1	08	03240	11	23 54 02 52611950		050	023 592			122:00	03		3	71:00									866:20	16:00	25:34	405:44	0
2	08	10300	K1	23 590 9 590S6225		000	023 590			Zeitlohn														8:50	25:34	215:39	0
3	08	10300	K1	23 590 9 590S6225		000	023 590			Zeitlohn														1:00	25:34	25:34	0
4	08	10300	K1	23 590 9 590S6225		000	023 590			Zeitlohn														17:00	25:34	430:78	0
5	08	10300	K1	23 590 9 590S6225		000	023 590			Zeitlohn														17:00	25:34	430:78	0
6	08	10300	K1	23 590 9 590S6225		000	023 590			Zeitlohn														34:00	25:34	861:56	0
7	08	10300	K1	23 592 9 740R6225		000	023 592			Zeitlohn														17:00	25:34	430:78	0
8	08	10300	K1	23 592 9 740R6225		000	023 592			Zeitlohn														17:00	25:34	430:78	0
9	08	10300	K1	23 592 9 740R6225		000	023 592			Zeitlohn														17:00	25:34	430:78	0
	08	49600		Kostenstellenaufträge						Einarbeitungsstunden														4:25		0:00	6
	08	43043								Fortzahlung Urlaub														8:75	25:33	221:67	0
	08	43745								Ausgleich Urlaub														8:75	6:44	56:37	6
	08	43746								Zusätzliche Urlaubsvergütung														8:75	31:77	139:02	6

Monat/Jahr	Durchschnittsstundenverdienst	Durchschnitts-Akkordverdienst	Zeitgrad in % Durchschnittsminuten	Akkordstunden	Zeitlohnstunden	Bezahlte Fehlzeiten
08/97	25:34		100,00	16:00	128:50	8:75
07/97	25:34	25:13	149,70	Basen für den Abrechnungsmonat		
06/97	22:45	25:46	151,74	DSV-Std. 144:50 DM 3661:63		
05/97	25:22	25:23	150,34	%-Mehrverdienst 51,01		

Stunden	Beträge
144:50	3661:63

114

10.5 Ermittlung und Zurechnung von Löhnen in der Kostenrechnung

Löhne sind hinsichtlich ihrer Ermittlung und Zurechnung zu unterscheiden. Während die Ermittlung der Löhne von der Fertigungsvorbereitung in Zusammenarbeit mit der Personalabteilung bewerkstelligt wird, steht das Rechnungswesen vor der Aufgabe, die Fertigungslöhne den Kostenträgern zuzurechnen. Hierzu müssen die Fertigungslöhne nach Einzel- und Gemeinkosten differenziert werden. Dieser Zusammenhang ist in Abbildung 67 dargestellt.

Die Unterscheidung hinsichtlich der Zurechenbarkeit bezieht sich auf den Kostenträger. Fertigungslöhne sind Einzelkosten, wenn sie sich produkt- oder auftragsweise erfassen lassen. Unstrittig gilt dies für Akkordlöhne, da sie proportional zum Leistungsvolumen anfallen.

Die Beantwortung der Frage, ob Zeitlöhne Einzelkosten sein können, wenn es eine ausgebaute Zeitwirtschaft erlaubt, ist problematisch. In diesem Fall müßte die für die eigentliche Produktion bzw. Tätigkeit in Anspruch genommene Zeit produktbezogen erfaßt werden. Hierzu sind Betriebsdatenerfassungssysteme in der Lage. Bei Hummel/Männel findet man den Hinweis[138]:

- *„Das Ergebnis der Multiplikation kostenträgerspezifisch aufgezeichneter Lohnminuten (bzw. - stunden) mit den sich im Durchschnitt für eine Lohnminute (bzw. -stunde) ergebenden Lohnkosten darf streng genommen keineswegs generell als echte Kostenträgereinzelkosten aufgefaßt werden. [...]"*

Selbst wenn der Meinung gefolgt wird, daß Zeitlöhne Gemeinkosten sind, bilden die BDE-Zeiten eine genaue Bezugsgröße für die Zuschlagung von Gemeinkosten zu den Kostenträgern. Daher sollten BDE-Zeiten für die Istkostenrechnung stets genutzt werden.

Der Abbildung 67 läßt sich entnehmen, daß am Standort Bocholt Lohneinzelkosten ausschließlich bei Akkordlohn anfallen. Bei Akkordlohn wird die Kostenträgerinformation in Form der Baunummer auf den Akkordlohnbelegen erfaßt, innerhalb der Entgeltabrechnung bewertet und dem Rechnungswesen über die Anschlußverfahren zugänglich gemacht. Im Umkehrschluß werden die Zeit- und Prämienlöhne als Kostenstellenaufträge und damit als Gemeinkosten erfaßt.

Durch die angedachte Abschaffung des Akkordlohnes am Standort werden sich keine Lohneinzelkosten mehr einstellen. Mit jeder Lohnformänderung zu ungunsten des Akkordlohns werden bei einer Beibehaltung der bisherigen Erfassungspraxis die Lohneinzelkosten und damit die Fertigungseinzelkosten beständig sinken. Dadurch verringert sich die Kalkulationsgenauigkeit bei Anwendung einer Lohnzuschlagskalkulation.

Abbildung 67: Ermittlung und Zurechnung von Bruttolöhnen

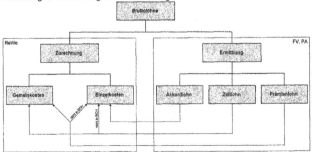

---

[138] Hummel, S. und Männel, W., a.a.O., S. 160.

10.6 Optimierung der Lohndatenerfassung aus Sicht der Kostenrechnung

Am Standort Bocholt werden zur Kalkulation Fertigungsdatenblätter verwendet, auf denen Zeiten für einzelne Arbeitsgänge hinterlegt sind. Dabei kann es sich um manuelle Tätigkeiten oder Maschinenlaufzeiten handeln. Die hinterlegten Zeiten werden vorrangig nach dem Refa-Arbeitsstudium ermittelt.

Hierbei handelt es sich um Größen der Normal- oder Plankostenrechnung, die eingeschränkt die Ist-Situation widerspiegeln. Damit Über- und Unterdeckungen festgestellt werden können ist daher eine Istkostenrechnung durchzuführen.

10.6.1 Konzept 1: Kostenträgererfassung auf Zeitlohnbelegen

Auf den Akkordlohnbelegen werden der Kostenträger, die erreichten Stückzahlen (Ist-Leistungsdaten) und die Vorgabezeiten aus dem Fertigungsdatenblatt (Soll-Leistungsdaten) festgehalten. Da diese Angaben in der Entgeltabrechnung vorliegen, lassen sich unmittelbar Abweichungen von den Plankosten feststellen. Die Akkordlöhne verhalten sich in der Kostenrechnung »atypisch« , da die Plankosten bei störungsfreier Produktion den Istkosten entsprechen. Abweichungen treten in der Regel als Unterdeckung auf, die sich in der betrieblichen Praxis als Überzahlungen darstellen.

Bei Arbeiten im Zeit- und Prämienlohn werden den Mitarbeitern die effektiv geleisteten Arbeitsstunden vergütet. Zur Lohnabrechnung werden Zeit- und Prämienlohnbelege verwendet, auf den kein Feld zur Erfassung der Kostenträger vorgesehen ist. Da in der Fertigung lang andauernde Tätigkeiten an einem Produkt vorkommen, wäre es mit vertretbarem Aufwand möglich den Kostenträger zu erfassen.

In diesen Fällen wird vorgeschlagen, den in Abbildung 68 dargestellten »modifizierten« Zeitlohnbeleg zur Lohndatenerfassung zu verwenden. Der modifizierte Zeitlohnbeleg unterscheidet sich von den Zeitlohnbelegen dadurch, daß die Baunummer als Kostenträger erfaßt werden kann. Dabei besteht weiterhin die Möglichkeit, erforderliche Grunddaten zu erfassen.

Abbildung 68: Modifizierter Zeitlohnbeleg

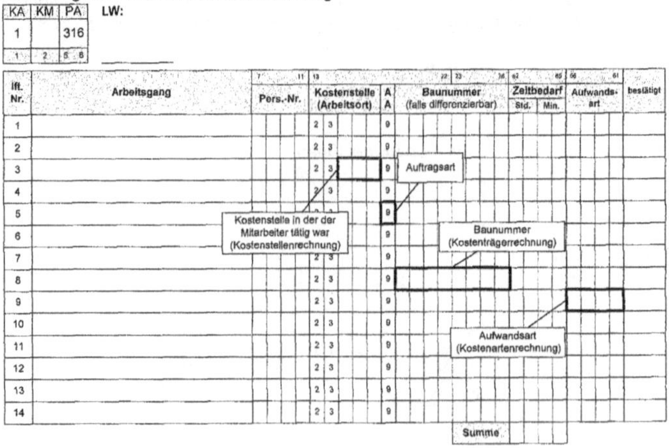

In Abbildung 69 ist der Weg der erfaßten Lohndaten in der Kostenrechnung als gestrichelte Linie dargestellt. Zunächst wird der Kostenträger durch den Einrichter oder Mitarbeiter in Form der Baunummer auf dem modifizierten Zeitlohnbeleg festgehalten. Anschließend erfolgt die Erfassung des Lohnbeleges durch das Werkstattschreibwesen mit Hilfe von LDE. Jeweils monatlich werden die Belege an die Entgeltabrechnung übermittelt. Dabei werden die auf die Baunummern entfallenden Kosten ausgewiesen.

Aus der Entgeltabrechnung werden die Lohnkosten zunächst in die Kostenartenrechnung übernommen. Die Gemeinkosten gehen in die Kostenstellenrechnung ein. Dadurch werden die Kostenstellen wie zuvor belastet, wobei weiterhin die separate kostenstellenbezogene Ausweisung der Kostenarten möglich ist. Da auf den modifizierten Zeitlohnbelegen die Baunummer und eine entsprechend genaue Zeitbezugsgröße (indirekte Kostenträgerbelastung) festgehalten wird, kann die Betriebsabrechnung umgangen werden, die in der Abbildung als BAB I und II dargestellt ist. Die Kosten können durch die Betriebsabrechnung »durchgeschleust« werden, so daß die entsprechenden Fertigungslöhne direkt als Fertigungsgemeinkosten eingehen.

Eine andere Frage ist, ob die auf diese Weise erfaßten Lohnkosten Einzelkosten darstellen, so daß die Bezugsgrundlage bei Anwendung einer Lohnzuschlagskalkulation verbessert wird. Diese Frage kann im Rahmen dieser Studie nicht abschließend beantwortet werden. In diesem Zusammenhang sei jedoch angemerkt, daß zu diesem Zweck eine statistische Verrechnung der produzierten Stückzahlen vorgenommen werden müßte (vgl. Abbildung 69, Pfeil von den Fertigungsgemeinkosten zu den -einzelkosten).

Abbildung 69: Datenfluß: Kostenträgererfassung auf Zeitlohnbelegen

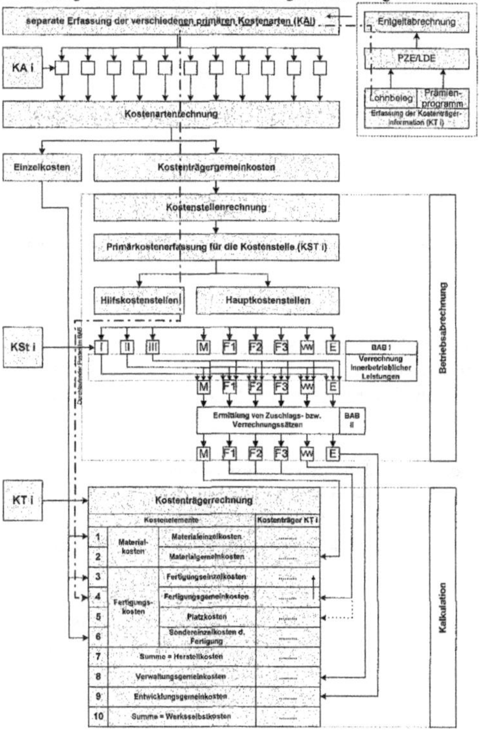

10.6.1.1 Vergleich der Erfassungsaufwendungen

Jede erfaßte Information verursacht in der Fertigung einen Erfassungsaufwand. Daher sind in Tabelle 10 die Gründe zur Ausstellung von Lohnbelegen dargestellt. Bei Akkordlohn muß ein neuer Beleg bei Wechsel des Kostenträgers, der Kostenstelle oder der Arbeitsposition im FDB ausgestellt werden. Im Unterschied wird bei einem Zeitlohnbeleg, ein neuer Beleg bei Änderung der Aufwandsart, der Kostenstelle oder der LFE-Stelle ausgestellt.

Obwohl die Ausstellung jeweils formal drei Gründe hat, ist der Erfassungsaufwand für Akkordlohn-belege höher, da bei jedem Tätigkeitswechsel die Erfassung der FDB-Positionen vorgenommen werden muß. Andererseits haben die Akkordlohnbelege gegenüber den Zeitlohnbelegen organi-satorische Vorteile innerhalb des Rechnungswesens. In diesem Zusammenhang bieten die Präm-ienlohnbelege keine Verbesserung, da lediglich die Informationen eines einfachen Kosten-stellenauftrags vereint werden (vgl. Tabelle 10).

Der modifizierte Zeitlohnbeleg stellt einen Kompromiß zwischen den bisher eingesetzten Prämien-, Zeit- und Akkordlohnbeleg dar. Nach Tabelle 10 muß bei jedem Kostenträgerwechsel ein neuer Beleg ausgestellt werden. Hierdurch erhöht sich der Erfassungsaufwand im Vergleich zum Zeit-lohnbeleg. Andererseits ist die Erfassung im Vergleich zum Akkordlohnbeleg einfacher, da keine Neuausstellung bei jedem Tätigkeitswechsel erforderlich ist. Zudem ist keine Soll-Ist-Leistungs-datenerfassung erforderlich.

Tabelle 10: Vergleich der Erfassungsaufwände

Lohnbeleg	Ausstellung eines Beleges bei Wechsel der				
	Baunummer (Kostenträger)	Aufwandsart (Kostenart)	Kostenstelle	LFE-Stelle[1] Interne Diff.	Arbeitsposition im FDB
Akkordlohnbeleg	x		x		x
Zeitlohnbeleg		x	x	x	
Prämienlohnbeleg		x[2]	x[2]		
modifizierter Zeitlohnbeleg	x	x	x	(entfällt)	

[1] bei Aufwandsart 6225/Reparatur, [2] indirekt

10.6.2 Konzept 2: Ermittlung der Istkosten aus der Maschinenstundensatzrechnung

Der zweite Lösungsansatz basiert auf einer Abbildung der Istkosten im Rahmen einer 'Maschinen-stundensatzrechnung'. Dabei umgeht die Maschinenstundensatzrechnung die Zuordnungspro-blematik von Gemeinkosten im Fertigungsbereich.

Die Leistung arbeitsintensiver Fertigungskostenstellen drückt sich in der Regel in den vom Ferti-gungspersonal geleisteten Arbeitsstunden und -minuten aus. Die zunehmende Anlagenintensität im Bereich der Fertigung hat dazu geführt, daß viele Kosten von der Laufzeit der Maschinen ab-hängen.

Da die Fertigungseinzelkosten vorrangig von den Lohneinzelkosten bestimmt werden, ist die Be-ziehung zwischen Lohneinzelkosten und Fertigungsgemeinkosten fraglich geworden. Infolge der Anlagenintensivierung nehmen maschinenabhängige Kosten stetig zu, während der Anteil der Fertigungslöhne tendenziell abnimmt. Die Konsequenz sind Zuschlagssätze von mehreren hundert Prozent, die zu Kalkulationsfehlern führen können.

Zur Erhöhung der Kalkulationsgenauigkeit geht man deshalb auf die Maschinenstundensatzrech-nung über. Bei der Maschinenstundensatzrechnung wird pro Arbeitssystem oder Arbeitssystem-gruppe ein Maschinenstundensatz ermittelt, indem die maschinenabhängigen Gemeinkosten ent-weder durch die real geleisteten Stunden oder die Betriebsstunden geteilt wird.

118

$$Masch.-Std.-Satz = \frac{maschinenabhängige\ Fertigungsgemeinkosten}{geleistete\ Maschinenstunden \times Anzahl\ Arbeitssyteme}$$

Typische maschinenabhängige Gemeinkosten sind (kalkulatorische) Abschreibungen und Zinsen, Energiekosten, Raumkosten, Reparatur- und Instandhaltungskosten, Werkzeugkosten und Kosten für Betriebsstoffe. Wenn Personal zur Maschinenbedienung erforderlich ist, können die zugehörigen Lohnkosten in die Maschinenstundensatzrechnung integriert werden. Insgesamt stellen die dafür angefallenen Lohnkosten einen Teil der aufgelaufenen primären Gemeinkosten einer Platzkostenstelle dar.

Stehen für die einzelnen Maschinen oder Maschinengruppen entsprechende Maschinenstundensätze zur Verfügung, so können die Kostenträger verursachungsgerecht mit den Maschinengemeinkosten belastet werden. Die Maschinenstundensatzrechnung ermöglicht eine Verbesserung der Kalkulationsgenauigkeit, wenn die von den Kostenträgern beanspruchte Zeit feststellbar ist. Dabei wird unterstellt, daß sich die Gemeinkosten proportional zur Maschinenlaufzeit verhalten.

Die Maschinenstundensatzrechnung wird derzeit am Standort zu Kalkulationszwecken eingesetzt. Die Kalkulation basiert jedoch auf den Normal- und Plankostenansätzen. Die Problematik ist, daß die in den Fertigungsdatenblätter hinterlegten Durchlaufzeiten die Fertigungssituation unzureichend widerspiegeln. Ein Problem sind Rüstzeiten der Prüf- und SMD-Linien, die aufgrund verschiedener Einflußgrößen ständigen Änderungen unterliegen. Damit sind Über- und Unterdeckungen nicht feststellbar, obwohl sie in der Praxis auftreten.

In Abbildung 70 ist dieser Zusammenhang dargestellt, wobei zwischen Normal- und Istkostenansatz unterschieden wird. Die Kosten für Rüstungen verhalten sich sprungfix, da sie unabhängig von der produzierten Stückzahl anfallen. Im Unterschied verhalten sich die angefallenen Kosten bei der Produktion weitestgehend proportional zur Losgröße. Daher sind die Stückkosten von der Losgröße abhängig (vgl. Abbildung 70 rechts unten).

Durch die Erfassung der Istkosten lassen sich Über- und Unterdeckungen feststellen. Hierzu sind die maschinenabhängigen Zeiten wie Rüst-, Auftrags-, Wartungs-, Reparatur- und sonstige Zeiten an den Arbeitssystemen vor Ort zu erfassen.

Abbildung 70: Unterschiede zwischen Plan-, Normal- und Istkosten

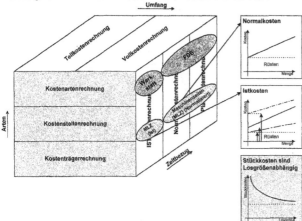

In Abbildung 71 ist ein fiktives Beispiel zur Berechnung des Maschinenstundensatzes dargestellt. In der Platzkostenstelle ´xxx´ befinden sich drei Arbeitssysteme (AS), an denen jeweils ein Mitarbeiter beschäftigt ist. Dabei fließen die Lohnkosten der Mitarbeiter als eine Position in die Gesamtkosten der Platzkostenstelle ein. Dividiert man die angefallenen Gesamtkosten der Platzkostenstelle durch die Betriebszeit und die Anzahl der Arbeitssysteme, ergibt sich der Maschinenstundensatz eines einzelnen Arbeitssystems.

Neben den aufgelaufenen Gesamtkosten werden die Rüst- und Auftragszeiten sowie die administrativ und organisatorisch bedingten Zeiten (Auftragsmangel, Wartung, Reparatur, Stillstandszeiten) für jedes Arbeitssystem separat erfaßt. Hierdurch läßt sich eine ´Zeitschiene´ angeben, in der die Maschinenzustände abgebildet werden. In der Abbildung 71 ist eine Zeitschiene für das Arbeitssystem 1 der Platzkostenstelle ´xxx´ beispielhaft dargestellt.

Zu den Arbeitssystemzuständen ´Rüsten´ und ´Auftragszeit´ läßt sich ein Kostenträger und eine produzierte Stückzahl erfassen. Multipliziert man die verbrauchte Rüst- und Auftagszeit mit dem zuvor errechneten Maschinenstundensatz, errechnen sich die für die Zeitschiene angefallenen Kosten. Teilt man die angefallenen Kosten durch die produzierte Stückzahl, ergeben sich die Stückkosten.

Mit Hilfe der Maschinenstundensatzrechnung werden die angefallenen Gemeinkosten den Kostenträgern verursachungsgerecht zugeordnet. Daher stellt sich die Frage, ob Einzelkosten generiert werden, wie dies in der Abbildung dargestellt ist. Die organisatorisch oder administrativ bedingten Ausfallzeiten können ebenfalls mit dem errechneten Maschinenstundensatz multipliziert werden. Sie stellen die sogen. ´Restgemeinkosten´ dar.

Abbildung 71: Generierung von Ist-Einzelkosten unter Berücksichtigung der Fertigungslöhne

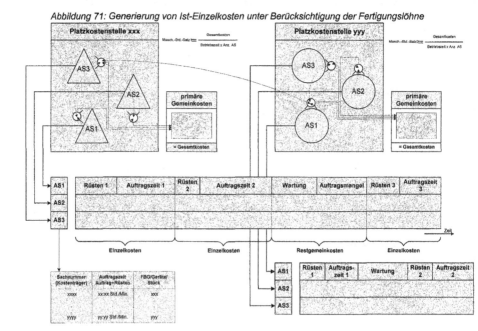

10.6.2.1 Vorteile des Konzeptes

Der Vorteil der Maschinenstundensatzrechnung besteht darin, daß für die Mitarbeiter keine Lohnbelege ausgestellt werden müssen, sofern sie in ihrer Kostenstelle verbleiben. Sie werden standardmäßig auf eine Platzkostenstelle mit einer entsprechenden Aufwandsart verbucht. Das Aufzeichnen von Arbeitssystemwechseln innerhalb der Kostenstelle ist nicht erforderlich, obwohl dort gegebenenfalls andere Produkte produziert werden (vgl. Abbildung 71).

Damit das Konzept dem flexiblem Mitarbeitereinsatz gerecht wird, ist die Erfassung von Kostenstellenabweichungen erforderlich. Da davon ausgegangen werden kann, daß derzeit und in Zukunft ein Prämiengruppenwechsel einem Kostenstellenwechsel entspricht, reicht bereits die Verwirklichung des Konzeptes zur *Ankopplung der Prämienprogramme an PZE* zur Erfassung aus. Nach diesem Konzept werden Anwesenheitszeiten in den Prämiengruppen erfaßt und an die Prämiengruppe weitergeleitet. Die Prämienprogramme berechnen mit Hilfe dieser Informationen einen Prämienprozentsatz der an PZE übergeben wird. PZE übergibt die entsprechenden Stundenverdienste mit einer entsprechenden Kontierung an das Entgeltabrechnungssystem, so daß das Rechnungswesen die erforderlichen Istkosteninformationen erhält.

10.7 Prämiengruppenorte und Kostenstellen

In der Fertigung grenzen sich die Kostenstellen in der Regel räumlich ab. In Abbildung 72 ist die räumliche Einteilung der Kostenstellen für eine Werkstatt dargestellt (durchgezogene Linien). Daraus läßt sich nachvollziehen, daß jeweils gleiche Arbeitssystemtypen zu einer Kostenstelle zusammengefaßt werden. Für die in der Abbildung dargestellten Montage-, Prüf- und SMD-Linien sind jeweils separate Kostenstellen vorhanden.

In Kapitel 7.7 wurde bereits ausgeführt, daß sich die SMD- und Montageprämiensysteme in Prämiengruppen unterteilen. Die Prämiengruppen stellen ebenfalls Orte in der Fertigung dar, für die eine räumliche Abgrenzung vorgenommen werden kann (gestrichelte Linien). Im Gegensatz zu den Kostenstellen wird die Einteilung zur Ermittlung der Entgelthöhe vorgenommen.

Die Problematik besteht darin, daß die Aufwendungen zur Erfassung von Anwesenheitszeiten in Prämiengruppen und Kostenstellen voneinander unabhängig sind. Es sind drei Fälle zu unterscheiden:

Fall 1: Eine Kostenstelle umfaßt mehrere Prämiengruppen

Im ersten Fall umfaßt eine Kostenstelle mehrere Prämiengruppen. Dadurch werden die Anwesenheitszeiten in den Prämiengruppen räumlich differenzierter erfaßt, als dies für die Kostenstellenrechnung erforderlich ist. Daher können die Anwesenheitszeiten der Mitarbeiter in den Prämiengruppen zur Lohnabrechnung verwendet werden. Nach der Abbildung werden die Prämienanwesenheitszeiten der Montageprämiengruppen MTG G01 und MTG G02 zur Bestimmung der Entgelthöhe getrennt erfaßt, obwohl bei der Lohnabrechnung die gleiche Kostenstelle (KSt zzz) belastet wird.

Fall 2: Prämiengruppe und Kostenstelle sind räumlich deckungsgleich

Im zweiten Fall sind Prämiengruppe und Kostenstelle räumlich deckungsgleich. Dies bedeutet in der Praxis, daß die ermittelte Anwesenheitszeit einer Prämiengruppe gleichzeitig zur Lohnabrechnung verwendet werden kann. Die Anwesenheitszeit eines SMD-Prämienlöhners kann nach Abbildung 72 direkt mit der zugehörigen Kostenstelle belastet werden (SMD G01 = KSt yyy).

Fall 3: Eine Prämiengruppe umfaßt mehrere Kostenstellen

Beim dritten Fall umfaßt eine Prämiengruppe mehrere Kostenstellen[139]. Dadurch stellt die Kostenrechnung höhere Anforderungen an die Anwesenheitszeiterfassung als die Entgeltabrechnung. Die Anwesenheitszeiterfassung in den Prämiengruppen kann daher ausschließlich zur Bestimmung der Entgelthöhe verwendet werden. Liegen jedoch die getrennten Anwesenheitszeiten der beiden Kostenstellen vor, lassen sich die Informationen für die Entgeltabrechnung nutzen. Beispiel:

$$Anw.\{SMD\ G01\} = Anw.\{KSt\ yy1\} + Anw.\{KSt\ yy2\}$$

Anw. = Anwesenheitszeit

Damit sich die Anwesenheitszeiten aus der Personalzeiterfassung zur Bestimmung der Entgelthöhe und zur Lohnabrechnung eignen, ist jeweils zu prüfen, ob die Kostenrechnung oder die Entgeltabrechnung die höheren Erfassungsanforderungen stellt.

Abbildung 72: Prämiengruppenorte und Kostenstellen

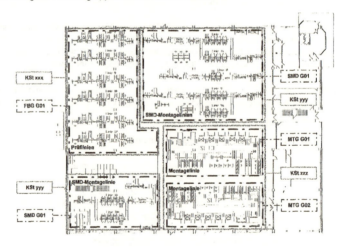

---

[139] Anmerkung: Dieser Fall tritt derzeit in der Fertigung nicht auf.

11 Resümee

Die Studie hat Praxisprobleme der Entlohnung und der zugehörigen Lohndatenerfassung aufgezeigt. Im Sinne der Aufgabenstellung wurden zum einen die Abläufe zur Lohndatenerfassung und zum anderen die bestehende DV-Struktur bei der Siemens AG am Standort Bocholt untersucht.

Anhand der Ist-Aufnahme und der Ist-Analyse wurden Optimierungsvorschläge abgeleitet (vgl. Anhang 1). Zu den vorgeschlagenen Maßnahmen zählen:

1. *Integration von LDE in PZE,*
2. *Ankopplung der Prämienprogramme an PZE,*
3. *Automatisierung der Anwesenheitszeiterfassung,*
4. *Einführung einer Mischprämienabrechnung und*
5. *Ermittlung der Istkosten aus der Maschinenstundensatzrechnung.*

Am Standort Bocholt können ablauforganisatorische Probleme zur Lohndatenerfassung auf die bestehende DV-Struktur zurückgeführt werden. Die eingesetzten DV-Systeme zur Erfassung von Lohndaten bestimmen die Erfassungaufwände.

Aus diesem Grund wird im Rahmen dieser Studie vorgeschlagen die Prämienprogramme an PZE anzukoppeln und das Lohndatenerfassungsprogramm in PZE zu integrieren. Hierdurch können die Abläufe zur Lohndatenerfassung vereinfacht werden. Darüber hinaus können Synergie-Effekte genutzt werden, die sich durch die DV-Integration ergeben. Zugleich stellt PZE eine zukunftssichere DV-Lösung dar, die eine Ablösung des eingesetzten Entgeltabrechnungssystem überdauern wird.

Die Frage nach der geeigneten Lohnform zeigt, daß der Prämienlohn gegenüber den anderen Lohnformen Vorteile hat. Dies liegt daran, daß der Prämienlohn den betrieblichen Belangen weitestgehend angepaßt werden kann. Der Prämienlohn stellt eine Leistungslohnform dar, die den Betrieben höhere Lohnkosten verursacht. Daher muß ständig auf die Ausgewogenheit von Arbeitsleistung und Lohn geachtet werden.

Aus diesem Grund darf die Prämienentlohnung nicht durch Beschäftigungen nach einem anderen Entlohnungsgrundsatz unterlaufen werden. Zur Vermeidung dieses Problems wird vorgeschlagen, eine 'Mischprämie' einzuführen. Dabei kann sichergestellt werden, daß der Leistungsanreiz für die Mitarbeiter ständig aufrecht erhalten wird. Insofern wird die Mischprämienabrechnung dem flexiblen Mitarbeiteinsatz in den Werkstätten gerecht (vgl. Anhang 1).

Lohndaten werden dem Rechnungswesen in Form von angefallenen Istkosten zur Verfügung gestellt. In diesem Zusammenhang zeigt sich das allgemein bekannte Problem der zunehmenden Gemeinkosten im Fertigungsbereich. Da die Kostenträger mit Hilfe von Zuschlagssätzen belastet werden, stellt sich die Frage nach der verursachungsgerechten Kostenträgerzuordnung.

Daher wird vorgeschlagen, die Kostenträgerinformation auf Zeitlohnbelegen zu erfassen und dem Rechnungswesen über die Entgeltabrechnung zugänglich zu machen. Hierdurch können die ungenauen Zuschlagssätze der Betriebsabrechnung umgangen werden. Alternativ bietet sich für anlagenintensive Bereiche die Integration der Fertigungslöhne in eine Maschinenstundensatzrechnung an. Durch die Maschinenstundensatzrechnung können die ungenauen Zuschlagssätze der Betriebsabrechnung 'indirekt' umgangen werden (vgl. Anhang 1). In diesem Zusammenhnag stellt sich jedoch wiederum die Frage nach einem integrierten Betriebsdatenerfassungssystem.

Anhang 1: Optimierung der Lohndatenerfassung im Bereich der Fertigung

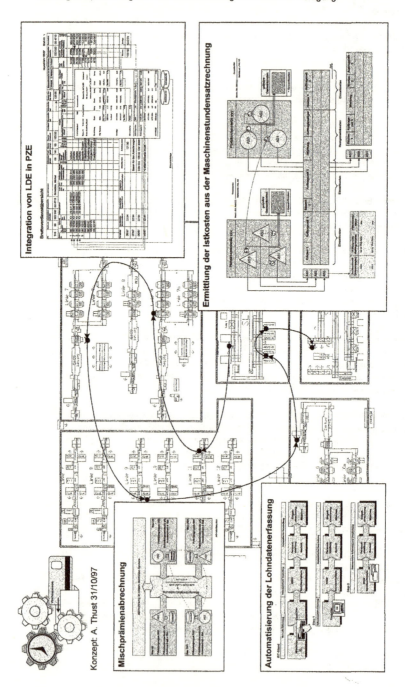

Literaturverzeichnis

1. Bücher:

Adamski, B., Die Organisation der computergesteuerten Zeitwirtschaft, Köln, 1995

Beutler, K., Arbeitszeiterfassung und -verarbeitungssysteme, Köln, 1993

Brockhoff, K., Forschung und Entwicklung, München, 1994

Bubb, H. und Eiff W., Innovative Arbeitssystemgestaltung, Köln, 1992

Budde, R., PPS, BDE richtig einführen, Köln, 1990

Feldmann, K., Montageplanung in CIM, Karlsruhe, 1992

Fremmer, H., et al, Handbuch des Prämienlohns, Köln, 1989

Gaugler, E., et al, Leistungsbeurteilung in der Wirtschaft, Baden-Baden, 1978

Grote, M., Personal- und Ausbildungswesen, Bochum, o. J.

Hammer, M. und Champy, J., Business Reengineering, Frankfurt, 1994

Hentschel, B. und Kolzter, H.-J., Computergestützte Entgeltabrechnung, Köln, 1997

Hummel, S. und Männel, W., Kostenrechnung 1, Wiesbaden, 1993

Junghanns, J., Zeit- und Betriebsdatenerfassung, Landsberg, 1993

Kilger, W., Einführung in die Kostenrechnung, Wiesbaden, 1987

Kosiol, E., Leistungsgerechte Entlohnung, Wiesbaden, 1962

Löffelholz, J., Lohn und Arbeitsentgeld, Wiesbaden, 1993

Mülder, W. und Störmer, W., Personalzeit- und Betriebsdatenerfassung, Neuwied, 1995

Oppermann, Die Entgeltabrechnung - Standardwerk der Abrechnungspraxis, Frechen, 1995

Pitter A., Fertigungswirtschaft, Ludwigshafen, 1995

Plaut, H. G., Die Grenz-Plankostenrechnung und Datenverarbeitung, München, 1973

Refa, Den Erfolg vereinbaren, Führen mit Zielvereinbarung, München, 1995.

Refa, Methodenlehre, Teil 2, Datenermittlung, München, 1975

Refa, Methodenlehre, Teil 3, Kostenrechnung, Arbeitsgestaltung, München, 1976

Refa, Methodenlehre, Teil 4, Anforderungsermittlung, München, 1972

Refa, Methodenlehre, Teil 5, Lohndifferenzierung, München, 1991

Roschmann, K. et al, Betriebsdatenerfassung in Industrieunternehmen, München, 1979

Scheer, A.-W., Der computergesteuerte Industriebetrieb, Berlin, 1987

Scheer, A.-W., Wirtschaftsinformatik, Berlin, 1988

Schmierl, K., Umbrüche in der Lohn- und Tarifpolitik, München, 1995

Spur, G., Datenbanken für CIM, Karlsruhe, 1992

Suzaki, K., Die ungenutzten Potentiale, München, 1994

Vatteroth, H.-C., PPS und computergestützte Personalarbeit, Köln, 1993

Wiesner, H., Der Prämienlohn in Theorie und Praxis, Köln, 1969

Zöllner, B., Adaptive Diagnose in der Elektronikproduktion, München, 1995

2. Zeitschriftenartikel:

Beine, H., 100%-AOI für hohen Durchsatz, in: Productronic, 1997, Nr.7/8, S. 38-39

Beine, H., Hochleistungs-Montagesysteme: Flexibel für individuelle Lösungen, in: Productronic, 1997, Nr. 11, S. 22-24

Bell, H., Reflowlöten - Entwicklungstrends und Qualitätsanforderungen, in: Productronic, 1997, Nr. 11, S. 62-68

Dolle, R. et al, Gruppenarbeit, Arbeitszeit und Entgelt, in: Personalwirtschaft, 1997, Nr. 1, S. 28-31

Droege, M., 20.000 DM pro Monat gespart, Vorwerk führt Zeitwirtschaft im SAP R/3-Umfeld ein, in: Personalwirtschaft, 1997, Nr. 12, S. 38-41

Ehmann, H., Rechtliche Probleme bei der Betriebsdatenerfassung, in: CIM-Management, 1990, Nr. 3, S. 52

Hoff, H., Reinhart, U., Leitstände und Leitsysteme, in: Fortschrittliche Betriebsführung/Industrial Engineering, 1993, Nr. 6, S. 292-299

Kaiser, W., Zeit und Kosten sparen, in: Personalwirtschaft, 1993, Nr. 12, S. 48

o.V., Profitables Wachstum mit Telefon-Systemen. Hohe Investitionen in neue Märkte und weitere Beteiligungen, in: Handelsblatt, 1996, Nr. 8, S. 17

Patrick, L., Entlohnungsmethoden in der bundesdeutschen Industrie, in: Personalwirtschaft, 1997, Nr. 1, S. 16-23

Rackowitz, W., Störmer, W., CIM-Baustein, Vorhandene Standards nutzen beim Einführen eines BDE-Systems, in: Maschinenmarkt, 1992, Nr. 42, S. 42-45

Diplomarbeiten Agentur

Die Diplomarbeiten Agentur vermarktet seit 1996 erfolgreich Wirtschaftsstudien, Diplomarbeiten, Magisterarbeiten, Dissertationen und andere Studienabschlußarbeiten aller Fachbereiche und Hochschulen.

Seriosität, Professionalität und Exklusivität prägen unsere Leistungen:

- Kostenlose Aufnahme der Arbeiten in unser Lieferprogramm
- Faire Beteiligung an den Verkaufserlösen
- Autorinnen und Autoren können den Verkaufspreis selber festlegen
- Effizientes Marketing über viele Distributionskanäle
- Präsenz im Internet unter **http://www.diplom.de**
- Umfangreiches Angebot von mehreren tausend Arbeiten
- Großer Bekanntheitsgrad durch Fernsehen, Hörfunk und Printmedien

Setzen Sie sich mit uns in Verbindung:

Diplomarbeiten Agentur
Dipl. Kfm. Dipl. Hdl. Björn Bedey –
Dipl. Wi.-Ing. Martin Haschke ——
und Guido Meyer GbR ————

Hermannstal 119 k ————
22119 Hamburg ————

Fon: 040 / 655 99 20 ————
Fax: 040 / 655 99 222 ————

agentur@diplom.de ————
www.diplom.de ————